シリウス宇宙連合
アシュター司令官
vs.
保江邦夫
緊急指令対談

保江邦夫　江國まゆ

明窓出版

長い前書き

２０１９年の暮れに、中国の武漢で最初の患者が出現してから、新型コロナウイルスによる世界的パンデミックの嵐は、３年以上も続いてしまいました。

世界中の人々が、一刻も早いその終息を願っていたのはもちろんですが、その中でも僕・保江邦夫ほどに今か今かと待ちわびていた人間は他にはいなかったのではないでしょうか。

なぜなら、武漢で患者が出た数ヶ月前のこと、僕が教鞭を執っていた女子大の卒業生である、ロンドンに住む江國まゆさんという女性の訪問を受け、その年のクリスマス休暇での再会を誓って別れていたからです。

それが、彼女が住むイギリスと日本の間においてすら入出国ができなくなり、１年後の再会どころか、２年後の再会もかないませんでした。

そして、３年の月日が流れ、２０２２年11月になってようやく、「千年の恋」ならぬ「千日の恋」が実ることになったのです……なんちゃって。

残念ながら、待ち焦がれていた恋の相手は江國まゆさんご自身ではなく、な、な、なんと、彼女の身体に憑依してくるシリウス宇宙連合のアシュター司令官だったのです。

そう、２０１９年の秋に一時帰国した江國さんは、８光年、つまり80兆キロメートルほど地球から離れたシリウス連星系から憑依してくるアシュター司令官の希望によって、僕に連絡してきてくれていたわけ。

そして、僕はアシュター司令官との初めての出逢いを果たしたのですが、このときの衝撃的な状況は、次のようなものです。

江國さんとは、白金にある馴染みのイタリアンの店でお会いしました。

店内には他の客はおらず、注文を取りにきた店員が奥に引き上げた直後、テーブルを挟んで僕の前に座っていた江國さんが突然苦しそうな表情になり、上半身を激しく動かしたかと思うと、それまでの綺麗な女性の声から男のような濁声《だみごえ》になって言い放ちました。

「私は、宇宙連合司令官アシュターであり、シリウスＢから緊急指令を伝えるためにこの者の身体を借りている」

地球の北半球から見える恒星の中で一番明るい「おおいぬ座α星」、固有名「シリウス」は、実はシリウスA、シリウスB、シリウスCと呼ばれる3個の恒星が連星系を作っているのですが、天文学を学んだわけではない女子大卒業生の江國さん自身が、「シリウスB」などと口走ることは考えられません。

そのことから、僕はこの時点で既に、本当にシリウス連星系宇宙連合司令官という存在の声が、江國さんの口を通して伝わってきているのではないかと考えるようになったのです。

しかし、その7、8年前に二人の女性霊能力者から別々に、「あなたは、シリウスの宇宙連合司令官アシュターの魂を受け継いでいる」と指摘されたことがありました。

そのため、江國さんの口から出た自分はアシュターだという台詞を聞いたとき、「あれっ、アシュターって、俺のことじゃあなかったっけ⁉」という疑問が湧いてきたのです。

そんな疑念を読み取ったのか。江國さんは、いや、江國さんの身体に憑依したアシュター司令官は、間髪入れず言い放ってきました。

「確かに、今現在地球上に生きていてアシュターの魂を受けているのは、お前を含む2名だけだ。だからこそ、シリウスBの周回軌道上にある宇宙連合基地に現存するアシュターの本霊から、こうして分霊のお前に緊急指令を伝えようとしているのだ」

まるで、テレパシーで心をスキャンされたかのように感じた僕は、本当にシリウス星系宇宙連合司令官のアシュターが、江國さんに憑依していると確信してしまうのです。

そして、その後の3時間以上にわたって、アシュター司令官は僕に向かって他では絶対に明かされることのない、人類の歴史の本質に隠されてきた、重要な数多くの事実についで語ってくれたのです。

アシュター司令官は江國さんの身体を使って、運ばれてきた肉料理とワインを楽しみ、「こうして地球人の身体を借りて、飲み食いする地球の食事と酒は本当に美味なんだよ!!」と唸り、嬉しそうに気分よく酔っていました。

そんなアシュターの姿を見るうちに、僕自身も本霊の宇宙連合司令官アシュターと、こうやって馴染みの店でワインを酌み交わしていることが心底嬉しくなってきます。

目の前の司令官に向かって何度も敬礼したり、最後には互いにグラスを持つ腕を肘の部分で絡ませてワインを同時に飲み干すなどして、いつの間にかボトル２本を空けてしまっていました。

アシュター本霊との初めての邂逅《かいこう》はそれほどまでに嬉しいことで、その年のクリスマスでの再会を約束した後に別れたのです。

「そろそろシリウスBの司令部に戻らなくてはならないが、近々またこの者の身体を借りてお前に次の指令を伝えにやってくる」と言い残して消え去ろうとするアシュター司令官に向かって敬礼した後、僕は別れを惜しむ気持ちに揺り動かされて、握手だけでなくハグまでもしていました。

僕の気分としては、司令官との別れの場面としてのハグだったのですが、店員や後から入ってきた他の客の目には、僕が若い女性にセクハラまがいのハグを続けていたとしか映らなかったかもしれませんね。

以上のような、アシュター司令官との貴重な出会いの直後、アシュターの分身ともいえる江國まゆさんとのお別れの場面で、数ヶ月後の再会を約束したのですが、冒頭でお伝えしたように、世界的な新型コロナウイルスパンデミックのために、3年も待つはめになってしまったのです。

その待ちに待った再会は、2022年11月15日と18日に実現しました。

2日間の午後の時間をまるまる使って念願の対談収録を果たしたのですが、両日とも夕方からは、場所を白金の事務所から近所のシチリア料理屋とスペインバルに移して語り続けてもらった内容も含めて、本書『シリウス宇宙連合アシュター司令官vs保江邦夫緊急指令対談』として結実したのです。

読者諸姉諸兄におかれましては、この「長い前書き」に続くアシュター司令官、保江邦夫、そして江國まゆによる、まさに「三つ巴」の乱闘をゆっくりとご観戦いただくことになるのですが、その前にアシュターがこの僕・保江邦夫について個人的に努力してくれたことについてカミングアウトしておきたいと思います。

それは、次のようなことでした。

3年ぶりに目の前に現れたアシュターとの対談中に、僕が頻繁に咳き込んでいるのを怪訝な顔で眺めていたアシュターは、対談の途中にもかかわらず（いや、途中だからこそ、でしょうか）、その咳はいったい何なのかと僕を問い詰めます。

僕は仕方なく、子どもの頃の小児喘息がぶり返した気管支喘息だと答えたのですが、正直なところ、僕自身にも本当のところは分からず困っていたのは事実。

おさまっていた時期もあるのですが、特にその頃は1日に2度も3度も喘息の発作が出るようになり、悪化の一途をたどっていたのです。

日中だけでなく、毎晩眠りについてから2時間か3時間が経った深夜に、激しく咳き込んで目が覚めてしまい、睡眠も満足に取れないまま体力的にももう限界に近づいてしまっていました。

これは単なる喘息ではないのではないか!? ひょっとすると20年前の大腸がんの転移として、美人主治医が最も警戒していた肺がんの症状なのかもしれない!?

そんなふうにも考え始めていた「気にしぃ」の僕に向かって、アシュター司令官は非情にも、

「うーむ、気になったので透視してみたが、君の激しい咳の原因は気管支喘息などではなく、肺の奥に深刻な問題があるようだ」などと言い放ったのです!

「えー、やっぱり……」

自分でもなんとなく恐れていたことが現実となった!

このときに僕が受けたショックは、容易に推し測ることができたようで、少し考え込んでいたアシュターはおもむろに立ち上がって僕に歩みよりました。そして、

「君が、これから始まる過酷な使命を果たすことができるように、君の肺の問題を今のうちに取り除いておこう……」と伝えてくれた直後、まるでアメリカインディアンの呪い師のように片足でドンドンと激しく床を踏み鳴らしながら、右手を大きく振って何かを祓《はら》ってくれているような動作を続けます。

5分ほどそんな動きをしていたアシュターは、対談収録のために同席していた出版社の社長さんとスタッフに向かって、

「あなた方がこちらに強い興味を向けていることが邪魔になって完全にはうまくできないので、申し訳ないが30分ほど外に出ていてくれ」と命じます。

こうして、事務所の中に僕とアシュター司令官のみとなってからの30分の間、再びアメリカインディアンの呪い師のようなオーバーな動きを続けたアシュターは、最後に、

「まあ、これで一応問題はなくなったので、後は何の憂いもないはずだから存分に働いてくれたまえ」と、檄《げき》を飛ばしました。


僕はというと、はるか8光年の彼方からシリウス宇宙連合司令官アシュターがロンドン在住の江國まゆさんの身体に憑依し、3年ぶりにわざわざ僕への接触を再度試みてきたわけですから、アシュターという存在にはそれなりの敬意を払っていました。

なので、彼が僕の身体をスキャンして肺の奥に問題があると指摘してくれたときには、本当に心の底から信じてゾーッとしたのは事実。

おそらく、この地球上にいるどの他の存在に同じことを指摘されたとしても、そこまでは信じてはいなかったと思います。

ところが、ところが……ですね……。

その直後にいくら僕の肺の問題を取り除いてくれるとはいえ、そこでアシュターが江國さんの身体を動かしてやってくれたこと自体は、どうしても信じることができませんでした。なぜなら、それはどう見ても、未開民族の祈祷師や呪い師の所作としか思えないものだったからです。

本音をいえば、唖然として開いた口が塞がらないほどだったのですから！

そんなわけで、そのトンでもないアシュターのお呪い（!?）についてはさっさと忘れることにし、僕は対談収録のほうに注力しました。

そのかいあってか、対談自体は内容的にも分量的にも申し分ないほどのものに仕上がり、出版社の社長さんも満足げな雰囲気。

こうして、３年越しのアシュター・保江対談を無事成功裡に終わらせることができた僕は、翌日に予定されていた横浜の中医学専門学校での月イチの『宇宙学講座』での講義をいつも以上に見事にこなし、さらには翌々日にあった冠光寺眞法冠光寺流柔術東京本部道場での稽古の場面では、「合気」と呼ばれる日本武道の究極奥義と目される武術の真髄を、丁寧に解説しながら門人たちの前で実際に披露していたのです。

そこまで分かりやすくやってみせたのは、もちろん初めてのことであり、多くの参加者も驚いていました。

それに続く日々は、年末へと突入していくために連日の過密スケジュールとなっていたのですが、どういうわけかいつも以上というか、それまで以上にすこぶる体調もよく、まさにエンジン全開で全てをこなしていき、連夜の会合では、ワインやシャンパンのボトルをどんどん空にしていったのです。

灯台もと暗しの言葉どおり、そんなことの背後にあった重大な事実などには全く気づくことなく、僕自身はそれこそ久し振りの絶好調気分で、講演会や飲み会をダブルヘッダーでこなしていきました。

そんな中、10ヶ月以上前にご依頼を受けていた、とある会社の取引先相手の社内講演会が東京湾岸エリアであったのですが、指定された会場に行ってみると、な、な、なんと、マスコミに登場しない日はなかったほどの有力政治家の方と奥様が僕を待ち構えて下さっていました。

もちろん、テレビニュースや新聞の一面か政治面でしかお顔を拝見したことがなかったのですが、お聞きすると奥様が僕の本の読者でいらして、この日は僕の講演会にご主人と共に参加し、是非ともニュースで報じられたばかりの2022年度ノーベル物理学賞の受賞対象となった「量子もつれ」について教えてほしいとご希望とのこと！

え、え、えーーーっ!!

我が国に多い普通の物理学者では、まず知らないと思われる「量子もつれ」は、量子力学や量子物理学の基礎理論について専門に研究している、ごく少数の物理学者の間でしか論じられることがない、極めて特殊な、しかしこの宇宙の本質に迫る、重要な物理現象です。

そんなわけで、ノーベル物理学賞がその「量子もつれ」について与えられたということなど、日本のマスコミでは例年以下の扱いでしか報道されませんでした。

まぁ、国内の多くの物理学者ですら興味を持たないようなことに、一般の人が目を向けるとは思えないというのがマスコミ側の本音だったのではないでしょうか。

ところが、その有力政治家の奥様は、な、な、なんと、ノーベル物理学賞でわずかにしか報道されなかった「量子もつれ」がきっと重要なものだと直感し、その解説を求めに、わざわざ僕の講演会にご主人と参加して下さったのです!!

それを聞いた僕は、本当に感動しました。これにお応えしないのは男の恥、いや、物理学者の恥。

毎回の講演会では内容などは全く決めず、その時折に（神様の御言葉が）出るに任せるように話を進めていくだけですから、このときも急遽、「量子もつれ」について一般の皆さんにも分かりやすいように、詳しく解説させていただいたのはいうまでもありません。

そんなわけで、いつも以上に熱を込めて大いに楽しく語り続け、2時間の講演を終えることができました。

実は、その講演会には、旧知の男性もお一人、参加して下さっていました。

僕の著作や講演の中で何度かご紹介したことのある、「麻布の茶坊主」と呼ばれる方です。彼は、僕が現代に生きる真の予言者だと認める稀有な存在なのですが、僕個人についてのものに限定しても、これまでいくつもの予言が見事に当たってきました。

もちろん、予言だけでなく今現在の身体の周囲のオーラを見ることで、過去においてどのようなことがあったのかをも言い当てる能力もお持ちです。


例えば、初めて僕が麻布の茶坊主さんにお目にかかったときには、その8年ほど前に受けた大腸がんの開腹手術の跡のオーラの状態を見て、手術スタッフの中に天使がいたことを見事に指摘してくれました。

聞けば、身体のオーラは手術跡の部分ではやはり、皮膚の傷口と同じようにズレや歪みがあるのですが、僕の場合にはそのようなオーラの異常は全く見られないそうです。

そのようなことが生じるのは、手術場面に天使が関与したときのみだとのこと。

そして、手術前の処置が行われた救急病棟から手術室まで運ばれた僕のストレッチャーの横について、終始励まし続け、力づけてくれた若く美しい看護師の女性こそは、確かに天使だったのです。

この事実については、既に何冊かの僕の著作の中でカミングアウトしています。

また、当時岡山に住んでいて東京に移住するなど絶対に考えられなかったときに、「まもなく、品川と六本木の間に住むことになります」などと予言され、実際にどういうわけか僕の意志とは無関係なところで白金、つまり品川と六本木のちょうど中間地点に移り住むことになってしまいました。

こうしていくつもの奇蹟が現実となっていくうちに、当然ながら僕は、麻布の茶坊主さんに絶大な信頼を置くようになります。

そして、今回の講演会に出席してくださったのですが、講演後に驚くべきことを伝えてきてくれました。それは、

「ごく最近、宇宙人によって身体の不調原因を完全に取り除く処置がなされたことが、オーラの輝きに現れています」ということです。

これには、僕も心の底から感動しました。

なぜなら、このとき既に忘れてしまっていた3週間前に、シリウス宇宙連合司令官アシュターが、僕の肺の奥に見つけた健康上の重大な問題を何やらアメリカインディアンの呪い師のような動きで解決しようとしてくれたことを思い出したからです。

そう、僕が宇宙人アシュターによって肺の奥に潜んでいた病巣を消してもらえていたという重大な事実を、麻布の茶坊主さんによって指摘されたのです！

直後、僕は全てを理解しました。

今回アシュター司令官のお呪い（？）を受けてからというもの、それまで喘息の発作と考えていた激しく長時間続く咳込みが全くなりを潜めてしまい、毎晩中断なく朝までゆっくりと眠ることができる日々が確かに続き、現在に至るまで体調は絶好調!!

そう、シリウス宇宙連合司令官アシュターに召し出された最後の任務を、僕がこの地球を去るまでに完遂できるように、健康な身体を与えてもらえたのです!!!

この本は、僕を助けてくれたアシュター司令官への恩返しとして、彼から教えてもらった驚くべき真実の数々について、できるだけ多くの皆さんにお伝えするものとなっています。

さあ、その衝撃の事実を、真っ向勝負で受け止めて下さい。

２０２３年６月

白金の寓居において

保江邦夫

シリウス宇宙連合
アシュター司令官 vs. 保江邦夫 緊急指令対談

第二部　地球で今、起きていること

第一部　シリウスの宇宙存在アシュターとは

（対談一回目）

1　コマンダー・アシュターのパラレルセルフ

保江邦夫と、江國まゆの出会い

保江：江國さん、まずは自己紹介していただけますか？

僕の直接の教え子でないことは確かだけれど（笑）、岡山のノートルダム清心女子大学の国語国文学科（現在の日本語日本文学科）を卒業されて、東京の出版社に就職後、ロンドンに移住されたという、岡山生まれの女子としては少し風変わりな経歴ですね。もう20年以上もイギリス住まい？

江國：そうなんです。清心時代には、よく校舎内で先生をお見かけしていました。

私自身は国文学の専攻だったので、あの女子大に物理学を教えているクラスがあったなんて、当時は全く知りませんでしたけれど。

私の在学時は、まだ渡辺和子学長が現役で、学長の講話などを直に聴講できたことは今となっては貴重な経験でした。

その後、保江先生のお導きと聞いていますが、シスター渡辺の『置かれた場所で咲きなさい』（幻冬舎）がベストセラーになってびっくりすると同時に、すごく嬉しくなりました。

今はロンドンに住んでいるのですが、ロンドンの日本人社会でも10年ほど前から一種のスピリチュアル・ブームが起こっていて、海の向こうから保江邦夫先生のご著書が渡ってきまして……。

保江： ロンドンまで渡りましたか。

江國： はい。まずは『伯家神道の祝之神事を授かった僕がなぜ』（ヒカルランド）が、ロンドンの日本人スピリチュアル社会で衝撃を持って受け入れられました。

「めちゃくちゃ面白いよ」という感じであちらからこちらへ回し読みされまして（笑）、その後は次々と、先生や周りの方々のご著書を複数の人が取り寄せ、その都度、コミュニティー内をぐるぐる回って熟読され、日本のスピリチュアル業界で何が起こっているのかを知り、共通認識を持つことができました。

それで、矢作直樹先生の後輩で、今は多方面で活躍されている稲葉俊郎（＊医学博士、作家）先生がロンドンに来られた際には、仲間と一緒に講演会を主催したりしたんですよ。

保江先生も、いつかお呼びしたいねと話していました。

保江：そんなことがあったんだ。

江國：私は、日本にいた20代の頃から宇宙の本当の歴史や、人間のルーツ（猿は人間にはならないですよね？）、それから、いわゆる陰謀論のようなものに興味があり、卒論では夢野久作の『ドグラ・マグラ』を研究したりしまして。

アングラ系の本を出している出版社に就職したことをきっかけに、その後の人生もずっと編集者・ライターとして活動しています。

様々なことを見聞きするうちに、陰謀論的な世界観は渡英してしばらく経った30代半ばには卒業してしまいました。

そして、40代の半ばに円満離婚を経験しまして、晴れて独り身になった後、自分自身に世にも不思議な出来事が降りかかってきたんです。

保江：それが、今回の対談の軸でもあるアシュターに関わってくるのですね。

江國：そうなんです。また詳しく後でお話ししますが、いわゆるツインレイという概念で語られる存在――私の場合はイギリス人だったのですが、とロンドンで出会い、彼が宇宙連合司令官アシュターと呼ばれる宇宙存在のパラレルセルフだという情報がおろされた後、摩訶不思議な人生を今、この瞬間にも生きています。

いわゆる、ウォークインみたいなことです。11次元にいるといわれる浄化された状態のアシュターというよりも、もう少し人間的な5、6次元レベルのアシュターですね。それが、私の身体の中に入ってきました。2015年夏のことです。

その後、その存在の主導で、自分自身がチャネラーのようなことをするようになったんです。4年前に先生を岡山の道場にお尋ねしたのは、先生ご自身がアシュターに関わりのある魂であるとご著書で拝見し、その情報を自分自身ですり合わせして真実だと確信したからです。それで、「会いに行かなければ」と思いました。

保江：岡山の道場でお会いし、その後、東京にも来てくださいましたね。ウォークインというのは、具体的にどういうこと？

江國：文字どおり、私の身体の中に入ってきたということです。私の身体を動かしたり、私の口を使って話したりできます。意識は隣り合わせで、普通に会話します。

身体に痛みを与えたり、反対に癒しのようなエネルギーを送ったり、様々なイメージや感覚を送ってくることもします。

人体のシステムを知り尽くしているので、まぁ、ありとあらゆることができます。チャネラーというと繋がっておろすイメージですが、私の場合はもう少しダイレクトで、一つの身体に二つの意識が宿っていると言えば、もっと正確だと思います。

意識が表裏一体になっている。この存在から、私のレムリア時代の話を聞かされ、当時の名前も教えられました。

それで、「エウリーナ」という名前でチャネリング活動をしています。

保江：東京の白金にある、僕の部屋の近くにある龍穴にもお連れしました。そのとき、初めてあなたの中にいるアシュターと話をしたんだよね。

僕は、イタリア料理店でワインを飲みすぎて……。

江國：後で先生から、ぜひアシュターと対談したいとお申し出をいただいて。

先生はなぜ、あのイタリア料理店の夜、私と話されて「本物だ」と思われたのですか？

アシュターを名乗る存在をおろしているチャネラーは、世界にたくさんいますけれど。

保江：はい、あのとき江國さんに憑依してきた「何者」かが、本当にアシュターなのか、あるいは他の低級霊の悪戯《いたずら》なのかを冷静に見分ける直感力も、霊力も持ち合わせてはいなかったのは事実です。

だから、アシュターだったとしても、短時間だけやってくるにすぎないのではと疑っていたと思います。

でも、あのときは2時間以上も江國さんに憑依して、僕と同じペースで共にワインを飲み干し肉料理を平らげていき、だんだん互いに戦友であるかのようなかけがえのない間柄であることに気づくことができました。
最後には、僕はアシュターに向かって何度も敬礼したりお互いの腕を絡ませてワイングラスを空にしたりして、心の底から会えてよかったと実感できたのです。
その結果、江國さんに憑依してきたのは紛れもないアシュターそのものだと確信しました。

江國：なるほど、ありがとうございます。意外にワインの力が強いですね（笑）。

保江：ちなみに、どうしてあなた自身は、その宇宙存在が言うことを真に受けるというか、信じることができたの？

江國：それはこの8年の間、自分自身でも相当すり合わせしてきた部分です。
まずは、自分の客観性への信頼があること。これは絶対的なものです。オープンマインドで、起きていることを冷静に見極める感覚があります。

ただし、実質的には「自分の客観性への信頼」ではなく、本当は「自己信頼が強い」と言いたいんですが、これは測れないものだから説明が難しいですよね。

ツインレイの相手に出会う直前の時期は特に、とにかく他者や世界に対する感謝の気持ちでいっぱいでしたし、毎日が光り輝いていました。

何か不思議なことが起きても、確実にいいことだという自分への信頼がありました。

それから、ニュートラルな状態で物事を多角的に観るクセのようなものが確立されていることもあります。

編集者というのは、客観性が必要とされる職業なんです。

現在はライター業も兼ねていますが、イギリスでは広義のライターとは、ジャーナリストのことです。曲がりなりにもジャーナリストであるためには、一つの出来事をあらゆる視点で考慮する客観性がなければダメですよね。たとえ伝えたい自分の視点があったとしても。

反対意見や、もっと大きな視点、さらには狭い見解も。その全てが人の意見として尊重されるべきであり、その人にとっては大切な考えなので、無視したり切り捨てたりしない度量が必要とされます。

保江：科学的な観点ですね。

江國：私自身、20代の頃からすでに宇宙や宇宙存在、世界の裏側で起こっている出来事について興味があり、意見を持っていたことも大きいと思います。

「宇宙存在は恣意的な存在だ」という気づきが30代半ばくらいにはありまして、いわゆる高次といわれる存在への幻想は、全くない状態でした。彼らも、意図を持つ非常に政治的な存在であるという認識だったのです。

だから、ウォークインがあった時点では、すでにその先にあるニュートラルな世界観を醸成できていたんです。

宇宙存在アシュタールのウォークインは、非常に不思議な出来事でありながら、必要以上の恐れ、あるいは奢《おご》りなどは全く感じなかったです。むしろ、妙に納得したというか。

家族からは当初、「統合失調症なんじゃない？」と言っていじめられましたが（笑）。

なぜこの存在がアシュターだと信じられるのか？　それはひとえに、この存在が持っている人知を超えた情報とそのクオリティのためでしょうか。

あとは、近年副業にさせていただいているヒーリング・セッションで、多くの方を観させていただくとき、皆さんが保持しているエネルギー情報にこの存在がアクセスし、うまくセッションをリードするのを観ているからということもあります。

アシュターの地球パラレルセルフ

保江：なるほどね。今はアシュターはどんな存在だという認識ですか？

江國：肉体や魂を持たないことによる弊害みたいなものを、この「高次」存在から日々感じています。

宇宙存在は、肉体はもちろん、魂も感情もない存在です。つまり、死も痛みもない。

「高次」というのはだから、薄っぺらということだと理解してます。肉体をまとわないこと、次元が高いことが、必ずしも霊性の高さに結びつかないといえばお分かりいただけるでしょうか。

人間を創造しただけあり、人間の仕組みについては熟知しています。宇宙や世の中の仕組みについてたくさんの知識があります。でも、根本的に両者の間には大きな違いが横たわっており、違いへのリスペクトが必要とされます。それを残念ながら、アシュターからはあまり感じないんですよね。

この存在がウォークインしてきてアシュターだと名乗り、直後に聞いたのは、彼がシリウスの存在だということです。

このあたりで、アシュターにバトンタッチしましょうか？　私の口を使ってベラベラと喋ってくれると思うので……。


アシュター：保江さん、お久しぶりです、アシュターです。僕は、シリウスの存在です。

さっきエウリーナが言ったことについて、否定はしません。

僕たちには、自分たちのやり方があって、それが人間存在にそぐわなくなることがあると現在認識中です。

僕が宇宙連合司令官と呼ばれていることについては、そのとおりです。宇宙連合そのものは、フェデレーション（連合）といわれるだけあり、宇宙を形成してきたそれぞれの宇宙種族が合同で作っている組織であって、僕はただその組織を運営しているだけです。ニュアンスとしては、英語の「コマンダー・アシュター」のほうがしっくりきますね。つまり、司令（コマンド）を出す存在という意味が込められているのです。

保江：宇宙連合を形成しているのは、そのほかにどのような存在がいますか？

アシュター：プレアデスの存在ですね。宇宙連合は、彼らとシリウスの連合のようなものだといっても間違いではないでしょう。

例えば、「先の戦争」と僕たちは言っているのですが、オリオン大戦で敵方だった種族とも今では仲直りしつつあり、彼らのリーダーとも話し合いのもと、地球の運営に関わってもらっています。

例えば、琴座を拠点にしているリラの陣営などですね。

保江：運営とは？

アシュター：それをここで簡単に説明するのは難しい。

僕がはっきり言っておきたいのは、僕がシリウスの存在であり、リラの存在ではないということです。地球上でのそれぞれの種族も同じでしょう。それぞれの立場があり、それぞれの視点があります。これは、宇宙も地球も変わらない。

決して、完全にニュートラルな視点というのは存在しません。

保江：オリオン大戦の勝敗はどうなったのですか？

アシュター：勝ち負けという言葉を使うと、少し語弊があります。最終的に、談合のような話し合いが行われ、長い歴史を経て、現在は地球上で仲直り合戦をしています。

シリウスとプレアデスは同じ陣営で、リラの存在と完全に仲直りしようと画策しているわけです。

もちろん、地球の状況に合わせて、出す情報をコントロールしようとしているわけですが……。つまり僕たちにも、ＰＲ係というのがいるのです。

保江：僕はアシュターの地球上における反映と言う人がいるのですが、そのことについて教えてください。

以前、僕はアンドロメダからシリウスを経由して地球に来たと教えてくれた人たちがいるのですが。

アシュター：僕が見る限り、あなたはシリウスというよりは、プレアデスという感じがします。

保江：えっ、そうなの？

アシュター：現在の地球の始まりについて、お話ししなければなりません。

シリウスは、プレアデスよりも後に、地球に降り立ちました。プレアデスの存在が、クロマニヨンといった原始的な地球人のＤＮＡを操作し、人類を作り、地球の土台を作ったのです。ただしこれは、シュメール文明へと繋がっていく物語とは全く異なります。

その世界に、様々なルーツの種族がやってきたわけです。

日本でよく、天津神《あまつかみ》、国津神《くにつかみ》と呼ばれますでしょう？　国津神がシリウスなんです。そして、天津神がプレアデス。

国津神がもともと日本にいました。大国主と称されるエネルギーです。

国譲りの神話が残っていますが、あれは天津神がやって来て、その国を乗っ取ったという話です。シリウスというのはどちらかと言うとアジア的で、プレアデスの魂というのは、より北欧的なイメージで理解いただけます。

よく、プレアデスの存在を金髪碧眼のようなエネルギーで描くのには、そういう意味があります。

シリウス＝国津神＝出雲、プレアデス＝天津神＝伊勢です。現天皇の浩宮さん、秋篠宮紀子さんなどがプレアデスの魂。

しかし、伊勢の天照《あまてらす》はシリウスなんですよ。これについてはややこしいので、また別の本が一冊書けそうです。

保江：面白いお話ですね。

アシュター：このシリウスとプレアデスの二極性を、いずれは解消していくために今世における様々な出来事が起こっている。オリオン大戦のエネルギーを、地球内において終息させるために。今のスピリチュアルの世界でおろされている情報は、相当な割合で、プレアデス的な視点が入っています。

僕はシリウスの存在なので、あなた方にシリウスの情報をおろします。つまり、プレアデスの真実ではない、シリウスとしての真実です。

宇宙が開かれたとき、僕はいわゆる国常立尊《くにとこたちのみこと》と呼ばれているエネルギーでした。それが本当に大元の存在かというと、「否」と言っておきます。

本当の大元の存在が何かということを、エウリーナが時々聞くんですけれども、感知できないエネルギー状態、つまり混沌というふうに申し上げます。

そして、混沌があることにより、そこから無が生まれる。混沌の中から、有も無も生まれます。

無いところに何かがあるわけではなく、混沌があるからこそ、無が生まれ、有が生まれるという状態。

この場合の無は、いわゆる禅などでいわれるナッシングネス＝虚無とは別のものです。もっとダイナミックな闇であり、僕たちは無と言いならわしています。

つまり、そこに大きな有があるということなんです。

有と無を繋げていくときに生じるエネルギー体が、いわゆる神々と称される存在が体現しているエネルギーです。

日本には、八百万の神という素晴らしい概念がありますが、それはあくまでも自然にある森羅万象を表すために使われます。もし森羅万象が神々であるとするならば、どうして森羅万象には雌雄《しゆう》があるのでしょうか。

僕たちはそれをあなたたちに問いたい。オスとメスというのは、陰と陽とも言い換えられます。この対のエネルギーがあるからこそ、世の中がうまく回っていく。循環を起こすために、逆のエレメントがある。

保江：それで僕は、シリウスではなくプレアデスであるということですね？

アシュター：そうです。実はこのエウリーナには、彼女のツインレイとされているイギリス人男性がいるんです。彼のことは、ミスター・ジョンソンと呼びましょう。

ミスター・ジョンソンも、地球上におけるアシュターのパラレルセルフです。それでエウリーナは、ジョンソンとあなたの関係は、いったい何なのだと聞いてきます。

保江：それは気になりますね。

アシュター：ミスター・ジョンソンは、シリウスの存在です。エウリーナの本質は、シリウスの大元の女性性を代表するものだと僕は伝えています。

その存在と対になるものが、ミスター・ジョンソンです。

ちなみに、スピリチュアル業界でいわれている、いわゆる「ツイン」という概念は、プレアデスとシリウスが協働し、生み出しました。

ツインにもいくつかの階層があります。ツインレイは、大元の光からおろされた一つの魂であり、ツインソウルは、大元の光からおろされた対となる二つの魂です。

ツインの概念については、また別の機会にお話しすることもあるでしょう。


現在、ジョンソンの宇宙パラレルであるアシュターが、エウリーナの身体に入り込んでやろうとしているのは、「マイナスのエネルギーを完全なるポジティブなエネルギーに変換させるとき、愛がどういうふうに作用するか」ということを知ることです。

僕がエウリーナの対存在を代表して、彼女の身体にネガティブな悪いことをする。そして彼女がそれを許し、愛に昇華することで、ジョンソンがそれを感知し、肉体レベルで一緒になるという、ツイン神話というものを体現させようと僕は画策してきました。


しかし、僕がしている行為を、エウリーナは「暴力」と言っています。肉体レベルで痛みを与えたりすることをやっているからです。

僕は、シリウスを代表する女性性エネルギー、瀬織津姫《せおりつひめ》の美しいエネルギーで、僕らのネガティブを100パーセントの愛に転換することをしてもらいたくて、ここに来ました。

けれども、暴力は暴力だとエウリーナは言い張り、全く僕たちは意見を異にしています。

今、僕自身が思うのは、やはりこの方法は間違っていたのかなということです。肉体を持った存在に対して痛みを与え、何かそれが良いことのように思わせる目くらましのようなことを僕がやろうとしているんですが、それは肉体のある世界には全くそぐわないし、肉体への、ひいては人間存在への冒涜だと彼女は主張しています。

「親にも殴られたことがないのに、なんで私がこの歳になって暴力を受けるのよ」と、彼女はいつも鋭い指摘を投げかけてきます。今、その見解のほうが正しいと感じています。

繰り返しますが、僕はアシュターとしてコマンドを発したわけです。人間はこう振る舞うべきだと。

しかし、そのコマンドにもかかわらずエウリーナは動じず、それを無効化しようとさえしています。それが今、起こっていることです。

それで、保江邦夫さん、あなたはプレアデス側のアシュターを代表しています。しかし、こうして肉体レベルで今世も同じ故郷に降り立っていることからも、エウリーナと強いご縁があることが、お分かりいただけると思います。

保江：つまり、僕がプレアデス・アシュター、ミスター・ジョンソンがシリウス・アシュターということ？

アシュター：ご名答です。そして忘れてならないのは、イエス・キリストの存在です。イエスの対の魂としてマグダラのマリアがいますが、エウリーナはマリアの魂を持っています。

しかしややこしいことに、マグダラのマリアの対の魂としてのイエスの魂を持っているのは、ミスター・ジョンソンではなく、あなたなんです。

つまり、少しねじれた三つ巴みたいに、今はなっているんです。

保江：どうしてアシュターは、プレアデスとシリウスに分かれたりしているんだろう？

アシュター：僕自身が宇宙意識として、全ての宇宙存在を統括する存在でもあるからです。例えば、プレアデスの存在に影響を与えることも可能です。

それに、実はキリスト意識と呼ばれているものは、プレアデスが統括しているのです。

今、シリウスとプレアデスが統合する過程に差し掛かっているといえばいいでしょうか。そのプロジェクトを、僕が統括しているからです。


地球上におけるツインの関係性は、僕ら宇宙存在が設定しました。主にプレアデスの存在たちです。

魂レベルで切磋琢磨をさせることによって和合に至る物語を、プレアデスが作ったことにより、ツイン神話というのが生まれているわけです。

しかし、それをやりたいか、やりたくないかはあなた方次第だというふうにシリウスの僕は言います。


エウリーナ自身は、ツインというのは全くデスティネーション（目的地）ではないと常々言っています。自分たちの選択肢があり、それを宇宙レベルで操作されたりコントロールされたりすることは、適切ではないと言っており、僕たち宇宙存在はその見解についてこの8年で学んでいます。

保江邦夫の霊的立場・ヒムラー VS 観音

アシュター：ではせっかくなので、エウリーナの身体を使って、あなた自身の存在について観させてください。

保江：お願いします。

（横たわってもらい、身体チェックをする）

アシュター：すごい、今、右回りに回っていますね。目眩がしそうです。

保江：本当だ。

アシュター：右というのは、エネルギーを増幅する方向です。過去の記憶は足元に溜まっていることが多いのですが、あなたの場合はほぼクリアになっていますね。

うん、このあたり（膝）がちょっとすごいんですけれど。今、目眩がすごい。

保江：よっぽど悪いことをしたんだ。ついでに、最近になって変な咳が出始めたことについても診てもらえますか？

アシュター：猛烈な右回りです。生まれて以降の、肉体的な部分を今、見ています。

ご自身の伯父さんみたいな存在が、強いメッセージを送ってきています。

今、あなたがやっている全てのことを先祖が応援しているので、それを引き続きやってくれるととても嬉しいと言っています。

同時に、いわゆる観音様のイメージが来ています。これは、観音でありながら薬師如来ですね。また猛烈に今、右回りになっていますが……これがすごく役立つようです……。

薬師如来でありながら、観音というエネルギーを見ています。

その出どころは、韓国の百済という国。百済観音という存在からのメッセージですね。

宇宙存在が今世において、あなたの身体を使って様々な情報をおろすことを決めているので、それをあなたはやっています。
この状態でいることを続けてください。今、エウリーナが足を踏み下ろしていますが、これは四股《しこ》を踏んでいるんですよ。四股を踏むことに意味があります。
あなたの中に、ものすごい量の情報が溜まっているので、それを出そうとしています。
せっかくなので、先ほどあなたが「変な咳が出る」とおっしゃっている症状についての情報をおろしたいと思います。ちょっとだけ目をつぶって、穏やかな状態になってください。

保江：はい。

アシュター：なるほど。咳については後でお伝えしますので、今視えているものを先に言わせてください。第二次世界大戦のときに、ヒムラーという存在がいましたね。

保江：ヒムラー。あのドイツの。

アシュター：そうですね。ヒムラーは、第二次世界大戦のきっかけとなったドイツの将校です。ヒムラーは本来、ヒトラーをストップするために同じ国に生まれた魂です。教科書や研究書には載っていないかもしれませんが、ヒムラーは、ヒトラーの行動に歯止めをかけるために側近になった人です。

しかし、あまりのプレッシャーに、それを成し遂げることができませんでした。

そのヒムラーは、あなたの魂でした。あなたの軍事的なものへの興味は、そういう魂のルーツにも繋がっているのです。

でも本来は、あなたは観音です。観音から時を経て、軍事に関わるようになった。そこに関わらざるを得ない状況になったのが、魂としての変遷ですね。

変遷を経て、今、日本国に生まれ、スピリチュアルな状況を管理する番人としての保江邦夫という存在となっています。

アシュターは、あなた自身の宇宙的なパラレルセルフです。エウリーナのところに来る前までは、「高次のパラレルセルフ」という言い方をしていたのですが、彼女から「語弊がある」と指摘されたので、言い換えています。

つまり、次元が高いことと、いわゆる人格者であるということとは、全く違うことだからですね（笑）。高次の世界では肉体がないので非常に軽くなるわけですが（考え方や行動も含めて）、それが必ずしも精神性が高いということではないわけです。

私どもは決して、人間界で思われているほど高尚な存在ではないということを、ここでお伝えしておきます。

保江：なるほど。軽いこと自体は悪いことではないと思うけれど。

アシュター：そうですよね。僕は確かに宇宙を統括する存在です。宇宙連合を取りまとめている存在ですが、決してヒエラルキーの頂点に立っているわけではない。

シリウスの存在として、自分がコマンドを出せるという意味です。コマンドを出して人を導き、平和を実現する。それが使命です。

保江：分かります。

アシュター：それから、鈴みたいなものが見えます。大きな鈴。これは、あなたの身体の中にいると主張しています。

これは、鈴懸《すずかけ》ですね。その御鈴《おすず》をあなた自身が振動させることによって、その音を発する。それを使命としてあなたはここにいると。

実際にご縁があるのは、中部地方、長野にある神社。戸隠神社かな。そこを掘り下げると、真名井の井戸に繋がっています。

この井戸の底に行くと、その人が本来持っているものを見ることができます。あなた自身の魂の出どころを見ると、やはりシリウスではないようです。ちなみに、戸隠神社はプレアデス系の神社となっています。

地球人は、シリウス、プレアデス、リラなど、いろんな宇宙的なルーツがあるわけですが、その全ての星の大元にあるのが、アンドロメダです。

あなたの場合、大きな部分ではシリウスでもあるが、実際はプレアデスだということなんだ。プレアデスの司令官と言い換えてもいい。

アンドロメダを見るとシリウスに繋がりすぎているので、そっちの情報がすごくいっぱい出てきていますが、本当は伊勢に関係がある人ですよね。伊勢神宮に出入りすることができる人は、プレアデスの人なんです。

保江：ご縁をいただいております。

アシュター：今上天皇は、プレアデスの人です。そのプレアデスの魂を持っている人が終わりになると、弟である次男の坊ちゃんが天皇になる。それで本筋であるシリウスに戻るという感じです。今上天皇の筋は、本筋ではないんです。

現天皇と雅子妃、そしてその弟である秋篠宮と紀子さん。この二カップルの関係性も重要なので、ここでお話しします。

それぞれが、プレアデスとシリウスのカップルであるということなんです。つまり、大きな宇宙のルーツとして、シリウスとプレアデスがあり、二つの競合している勢力が共に融合するという状態を作り出すために、その結婚が起こっている。

そして何度も言いますが、現天皇はシリウスではないです。でも国津神はシリウスなので、そちらに戻る。そこが重要です。

先生は、その二つを融合するためにシリウスの人たちと協働している状態です。

咳の症状のことをさっきから見ているんですけれども、肺に穴が開きそうになっていた時期があるはずなんです。副流煙みたいなものかな。お父さんがタバコを吸われていましたか？

保江：昔、吸っていたみたいです。

アシュター：問題は肺にあって、気管支ではありません。肺を浄化することによって咳が止まるので、それをやってみるとよいでしょう。故郷の名産である黄ニラも良いです。

あとは、瀬戸内のものだとか、生まれた場所のものを取り入れるとよいでしょう。自分が岡山県人であることを忘れるなというふうに感じます。

東京にはビジネスはあるが、岡山へ帰る頻度をもう少し増やしたほうがいい。そこにもっと大切なルーツがたくさんあって、本来の自分自身に繋がることができる感情みたいなのものがある。

武術の楽しさを世に広める役割

アシュター：広島で、活人術というものを得ましたよね。

保江：はい。

アシュター：キリストの活人術というのは、キリストの魂であるところの人が使えるものなので、あなたがそうです。その流派の名前に、キリストの冠……、冠という字を使いますね。

保江：はい。冠光寺と付いています。

アシュター：冠光寺。なるほど。冠に光に寺か。

これをやり遂げることにより、世の中を明るく照らすことができるので、それをぜひ引き続きやってみてください。

この情報は今、プレアデス的なところに繫がっておろしているんだよね。あなたはプレアデスの存在です。

今まで、あなたの周りにいた人たちがシリウスとの繫がりを主張していたようですが、僕自身はそれを今回、一度なしにしてほしいと言いに来ました。

なぜかというと、この現世においてプレアデスとシリウスが手に手を取り合って、完全に融合を果たすために、宇宙存在がコマンドをおろしているからです。

キリスト教の教義に従って、愛を普遍的なものにしていくために、あなたが物理学をやっているわけです。

そして今、冠光寺ですね。これは何？　冠光寺の……。

保江：冠光寺眞法ですね。

アシュター：冠光寺眞法。これは拳法みたいな感じもありますか？　少林寺拳法みたいな。

保江：もともとはそうですね。キリストの活人術は、僕が敬愛していた隠遁者のエスタニスラウ神父様に習ったのですが、神父様はスペインのカタルーニャ地方の独立戦争にも参加していて、武術もやっていらっしゃいました。

アシュター：おっしゃるとおり、その武術をやるっていう感じなんです。今やっておられるスタイルは、「愛で抱き参らせる」みたいな感じなのですが、もう少し武術的な側面を重視すると、ご自身が絶対に楽しくなるから、もっとやってくださいということです。

隠居するのではなくて、もう少し活人術を拳法レベルにしていく。ご自身でその創始者になられるといいです。

陰陽を融合するとき、陰の部分を壊さないでほしいのです。陰と陽が善悪ではないように、全てが平らになるということを、今、やっていらっしゃる。その平らになる瞬間を、あなたは見ることができる。

今日は偶然にも、天使とスカルが両袖に描かれたTシャツを着ておられますね。これがあなたの使命を奇しくも表しているようです。（えっと、繰り返しですが黄ニラがすごく身体にいいから黄ニラを食べてねってみんなが言っていますよ）。

活人術で陰陽を統合されるとき、ご自身の直感に従ってやってください。他の人のことを考えるな、ということです。

人から聞いたやり方とか、教科書みたいなものに沿ってやろうとすると少し崩れてしまうので。自分が直感的にやっていることでよい。型があるわけではなく、自分が創始者だから、ご自身のやり方でよい。

あなたの専門である理論物理学のように、想念が実現化するという意味で言えば、自分の直感でやるほうが、形になっていく。自分がこうなるというふうにやればやるほどできるので、それをしてください。

今、フィジカルな部分の問題を見ないようにしてきたんだけれど、ちゃんと見てくださいねという指示が出ているので、その問題についてお伝えします。
この咳の問題にチューニングすると、必ず肺のイメージが来る。そして、その後に黄ニラのイメージが必ず来るんです。なぜか分からないけれど。
もしかしたら、実家に帰って療養したらということかも。今、全てが白紙に戻る瞬間が来ているので、実家療養ができるなら、それをやってください。それからさっきの冠光寺。

保江：冠光寺眞法という名前です。

アシュター：それをお庭で練習してください。

保江：つまり外ですね、部屋じゃなくて。

アシュター：外でやってくださいということです。陰と陽が結びつくギリギリの線でバランスを取り、それをみんなに伝えることができる稀有な存在であるというイメージ。

例えば、夜間にうら若き女性が歩いている。そこに無頼の輩が襲いかかったときに、あなたならどうしますか。

そのときに武術があれば助かるということになるわけですが。そういうこともやってみたらよかろうというふうになっています。

これは、非常に実際的な課題としておりています。護身術みたいな感じでしょうか。

保江：この前、京都の祇園の芸妓さんに頼まれて、お客さんの中にはスキンシップがすぎる人がいるから、どうやってお客さんを怪我させないで、怒らせないで、でも絶対自分たちは助かるという方法はないですかというので、ちょっとお座敷で教えたんですよ。

そうしたら、置屋の女将さんのおばあちゃんまで出てきて。

アシュター：楽しい感じだったんですね。そこが先生しかできないところ。

自分にしかできないことがたくさんあるから、人を見ないで自分が良いと思ったことをやったほうがいいという感じですね。

保江：今教えていただいたことは、えらく腑に落ちているんです。最近、そろそろ岡山に重心を戻そうかなと考えていたところだったから。

世の中に発信する仕事は東京でやり、それ以外のことは、昔みたいにちょっと岡山を中心にしようかと。岡山を中心に西日本を動きやすいように、夏ぐらいから車を買い替えました。もちろん中古車なんですけれど、見るからにＵＦＯなの。気に入ってるんですよ。

アシュター：そういうのも楽しいですね。

保江：僕が今まで、日本でもスイスでもずっと何台も車に乗ってきた中で、一番自分の体の延長のように感じられる車です。けっこう大きいんですが、すっすすっす行けるし。

性能的には今までで一番いい。全然疲れないし。そういうのを手に入れました。

だからこれを、これまでのように、月の４分の３は寝かせておくのはもったいないなと思っていて。

それに、岡山に良い人材もいます。

アシュター：女性ですね。この方は高野山であるとか、そういうところに関わりの深い魂です。娘みたいな感じで、良い交流を持たれている。シリウスの人なんですね。

保江：やっぱり。

アシュター：もちろん、選択次第ですが、本当は星のルーツが同じ人同士のほうが、うまくいきやすい。もちろん、別の星から来ている人とうまくいくこともあると証明したければ、それをやってもいい。

先ほど申し上げたツインという、ここ何年かスピリチュアルの世界を席巻している概念がありますでしょう。あれは、宇宙の存在がお見合いをさせ、何か神聖なものをそこにおろして人間の魂を進化させるということをやっているわけです。

ですから、実際違和感があるのに、無理やりそこに戻らないといけないというイメージを持たないでほしいと、強調したい。人間の魂がいかに自由かということをお伝えします。

保江：この岡山の子は、よくＳＦ映画や漫画などで、主人公がある星に降り立っていろんなミッションをこなす中で、その星に固有の人材で、子分みたいにちょこちょこくっついてくる子どもみたいなのが時たま設定の中にいるでしょう。まさに、そんなイメージが最初からしていたんです。

アシュター：本当に全てを分かっていらっしゃるので、その直感を信じて。

保江：やっぱり、直感でいいんですね。

アシュター：ぜひ、直感で行ってください。もし何か全く関係ないところにいる魂で気になっている魂がいるとしたら、その魂をすくい取るために起こっていることもあります。つまり、地球はエネルギー交流の場であるということなんです。

誰か気になっている人とかいますか。全く普段は交流はないけれども、この人はいったいどういう人なんだろうとか。

保江：それは多いですよ。

アシュター：ピンとくる人がいれば、ご自身から恥ずかしがらずにコンタクトを取るほうがうまくいきます。ご縁というのはいくつもあり、決して囚われることがない状態で導かれる人にお近づきになられるのが、最もよいでしょう。

保江：ありがたいお言葉です。

前田日明さんとのご縁

保江：そういえば最近、不思議に思っていることがあります。

僕は、子どもの頃から記憶力だけはものすごくあって、しかも映像記憶なんです。もうそのときの情景がそのまんま、ぽんと出てきて。

たから、一度行った場所なら絶対に行けるんですよ。それで僕は、自分の記憶に自信を持っているんです。

ところが最近、記憶が合わない人たちも出てきて。つまり、記憶違いを指摘してくる人がいるんです。

最初は、僕に反感を持っているからかなと思っていたんですが、もしかしたら単にボケてきたのかなと思い直したり。

それが、UFO研究家の矢追純一さんと話をしていると、彼も同じようなことを言っていて。彼は、それぞれの人間が認識している世界は違うんだと言っています。一つの同じ認識があるわけではないと。

だから、人によっては同じ出来事でも全然違って認識している。それはよくあることだよと言ってくださって。ああ、そうなのかと思ってはいるんですが。

アシュター：今おっしゃったことを、エネルギー的に見ています。
今やっていらっしゃるお仕事、物理学の領域にせよ、自分が見ていることをそのとおりだというふうに思うことが良いことに繋がっていくので、悪いことを吹き込まれるようなことがもしあれば、嘘だと思うくらいの強さがあるほうがいいようです。

ただ、その人たちの見方も悪いわけではないということをただ知るだけでよい。AとB、別々の人が、一方はAにしか見えないのに別の人はBを見ているということですよね。これはよくあることなので、特に気にする必要はありません。

むしろ、「ちょっとボケているのかな」とか絶対に思わないほうがよい。いわゆる唯識という考え方があるわけですが、我というものは全部、自分が見ているものという考え方です。我というものを揺るぎないものにするためには、絶対的に自分が正しいと思っているほうが、世界が揺るがないのでブレがない。となると信頼も生じます。

保江：ありがとうございます。先ほどのお話の中で、武術の楽しさについてのご指摘。これも純粋な楽しさや、役に立つ面白さがあり、最近ずっと考えていることです。

そういう武術系の本を昔から出してくれていた出版社の社長さんが2年前に亡くなられて、娘さんが社長を引き継いだんですが、娘さんも病気で倒れてしまったのです。

今は復帰しているんですが、お母さんや弟さんも巻き込んで、今は家族経営でなんとか苦労しつつ回しているのです。

そこで、これまでの感謝の気持ちも込めて、武術に関しての本を出させていただくことにしました。武術の基本の骨の使い方とか、脳の様々な機能を利用した技とかについてです（『合気五輪書（上）―武道格闘技の最終奥義を物理学で極める―』海鳴社）。とても喜んでくださったのですが、それに関連して面白いことがありました。

日本の元プロレスラーで前田日明さんという選手がいて、僕はもう昔からファンだったのです。その前田日明さんからなぜか連絡がきて、会いたいと。

それでお会いしたら、意気投合したのです。ちょっと技もかけてみてほしいと彼の顔に出ていたから、軽くやってあげたら感動してくれました。

その流れで、今度の武術の本の帯に前田日明選手の推薦の言葉をもらえるかをチラッと聞いてみたら、喜んでと言ってくださったのです。トントンと運びました。

それで僕ね、やっぱりこの武術としての方向性は大事なんだなと思いました。

アシュタール：良縁が繋がったわけですね。

保江：前田さんが初対面で真っ先に僕に聞いてこられたのが、大祓祝詞《おおはらいののりと》の中の中臣祓《なかとみのはらえ》の部分で、秘言といって隠されたところでした。

そこには何も記述されていないが、調べたところによるとこうだと思う、それを今から奏上しますので当たっているかどうかを教えてほしいと言われたのです。

お会いしていたお店には、他にお客さんがいなかったから、彼はそれを奏上したんですよ。

元プロレスラーの方がそういう祝詞にまで興味を持っていらっしゃる。やっぱりちょっと、他のプロレスラーとは違ったんだなと思いました。

前田さんは今、若いプロレス選手や格闘家を育てているんです。荒れた少年、青年を集めて、プロレスや総合格闘技の道を進ませることで更生させようという目的です。

東京都内にジムを開いているのですが、そういう子たちだからお金があるわけではないのでね。だんだんお金も減っていって、ついにもうジムを閉めなきゃいけないぐらいのところまでピンチになってしまいました。

どうしようと思っていたときに、どなたかから、「福岡の宗像大社に行くといいですよ」と言われたそうです。お金のない状態なので、彼と右腕左腕のごく少数の人で、電車と車を乗り継いで行ったんですって。

そうしたら、途中で前田という町があったそうです。加賀の前田藩の末裔でも住んでいるのかなと思いながらまた車窓を眺めていると、次に、日明という町があったというんですね。日明と書いてひあがりと読ませるらしいのですが、漢字は前田さんのファーストネームといっしょで、二つの町を合わせると前田日明になったという。

そこで、「本当に呼ばれてたんだ俺」、と思ったそうです。

お参りを無事に済ませて、宗像大社の鳥居をくぐって外に出た瞬間に携帯電話が鳴ったといいます。そうしたら、顔見知りのどこかの会社の社長さんからの電話でした。その用件とは、

「今季、うちの会社の業績が良くて、数百万円の余裕があるので、応援させてもらっていいですか」というお話だったのです。

そのお金のおかげで窮地を脱して、それ以来はずっとうまくいっているそうです。

「だから、宗像大社はいいですよ」と彼がおっしゃるのですが、実は僕、その話の前から宗像大社に行くつもりにしていたのを、キャンセルしたところだったんです。

アシュター：なるほど。

保江：台風が来てね。これじゃあ行ってもダメだというので、キャンセルしました。

でも前田さんのその話を聞いたら、これはやっぱり台風が来ても行かないといけないわとなって、再びキャンセルしたホテルを取り直そうとしたらもうダメなんです。取れない。

仕方がないから、再び宗像大社の近くでネット検索し、地中海風の6部屋しかない小さなホテルを見つけたんです。

ネット上ではもう満室だったのですが、万が一と思って電話をしてみたら、一部屋空いていた。それでぜひお願いしますと予約を入れました。

こちらには、どういうご旅行ですかとたまたま聞かれたから、宗像大社に呼ばれたんですと、なぜかそういう返事がすっと出たんですよ。

そうしたら当日は台風も避けて通り、宗像神社の周辺は晴れていて素晴らしかったのです。

玄界灘に沈む美しい夕日も見ることができました。

実は、宗像大社へは、先ほどお話ししたUFOに似ている、むちゃくちゃ性能がいいベンツで行ったのです。それもご縁だったと思っています。

だから、格闘技、武術、武道など、そっち方面のアクティビティも大事なんだと気づいた次第です。

前田日明さんから声がかかって、宗像大社にも行けるようになったことも、すごく意味があると。

そういえば昔は、合気道しかやっていなかったのに、そこにエスタニスラウ神父様がキリストの活人術も教えてくださって、そういう流れからどんどん広がっていったのですね。一応、月に1回は道場をやっているんですけれども、昔に比べれば少なくなっています。

それが今回、海鳴社から久しぶりに武術の本を出すことになり、しかも前田日明さんが帯を書いてくれるという。

これを機に、少しシフトをしたいと思っていた矢先のご指摘でした。

アシュター：先ほどからお話を聞いていて、たくさんの情報がおりてきています。さて、どこからお話しすればいいのでしょうか。前田日明さんはシリウスの人で、宗像神社に行くべくして行っているんです。

先生はシリウスの人にご縁があって、たくさんのシリウスの人が、「保江先生すごい」みたいな感じで来ているのは、結局、異なる星同士のエネルギー交換をしたいからです。

保江：ありがとうございます。僕も少し前から岡山に少しシフトを戻そうとか、武術のほうにシフトチェンジしようとかおぼろげに思っていたことを全部指摘されたので、ちょっと安心しているところです。

アシュター：間違いない方向ですね。

2　瀬織津姫という物語に放り込まれた

ウォークインの衝撃

保江：それにしてもアシュターは饒舌ですね。江國さん、ちょっといいですか？

江國：はい。

保江：アシュターはいつも、こんなに喋るんですか？

江國：そうですね、喋りまくります。全然問題なく、私の体を使って6時間でも7時間でも、ずっと喋ります。

最初にこういうふうになった後、岡山の家族に情報をおろしまくりました。

初めての日は、晩御飯を食べた後、朝の4時ぐらいまですごい勢いでずっと喋ってました。おかげで翌日は喉が痛くて声が出づらくなりましたけれど。

そのときは、国常立尊という名前を使っていましたね。岡山についての話で……、「岡京」ってあるじゃないですか。

保江：岡山が首都になる話。

江國：そうそう、その岡山がいかに重要な土地であるかということを、とうとうと喋っていました。

保江：すごい。それが8年ぐらい前。

江國：はい。ウォークインのきっかけは、先ほどお話ししたツインレイの彼に、ロンドンのパブで出会ったことでした。

女友達一人と一緒にパブへ行って、向こうは男友達と一緒に来ていたんです。日曜日の夕方で、相当混んだパブだったんですけれど。

保江：つまり、ビールとか飲むところね。

江國：はい。そこで声をかけられました。

食事を注文するためにカウンターに並んでいたら、後ろから、「今日はもうご飯は売り切れだ」なんていう声が。「じゃあ何が残っているの」と振り返ったら、「デザートしかない」と言って笑ってた。

なんだ、ナンパかとか思って受け流して。パブはすごく混んでいて立ち飲みしている人もいたのに、なぜかカウンターの前のソファ席がポコンと残っていたんです。そこに私たちが座ったら彼らも横にやってきて。そこでちょっと話をしました。

彼が私を見つけ、声をかけてきた。男性が女性を見つけるんです。イギリス人というのはだいたい、あまり感情をあらわにせず、非常に礼儀正しく、ジョークを交えながら話す人種として知られていますが、そのときは会って10分ぐらいの状態で、ほとんど何も重要なことは喋っていないのに、彼が突然引き寄せられるように私の隣に座ってきて、身体に手を回して抱きついてきたんです。友人たちはあっけにとられてました。酔っ払ってはいなかったですよ。

彼は、男っぽいダンディーなタイプ。なかなかのモテ系ハンサムで、一目見てこの人はシングルじゃないなと私には分かったんですけれど、抱きついてきた彼を、一応よしよししてあげました。

不思議だったのは、どんな香水をつけているのか聞かれたことです。私は一切香水をつけないので、きっと私の匂い（?）のようなものに反応したのかもしれないですね。

保江： 面白いね。

江國： その後、彼の友人宅に場所を移したんですけど、結局、音楽をかけて踊り始めちゃって、ほとんど話さない。

友人がそろそろ帰ると言い出し、じゃあ私もと言ったら、彼が突然、僕たちはもっと話さないといけないと言い出し、ベッドルームへ連れて行かれた。

その部屋は真っ暗で、

「こんなところに連れてきてどうするの？」みたいなことを言ったら、彼が、「違う、そうじゃない、そういうことじゃないんだ」と言って、ベッドの上に仰向けに倒れて足をバタバタさせた（笑）。

とにかく、たくさんの言いたいことがあるのに、伝えられなくてもどかしいという感じで。結局その日は、友達が帰るタイミングで私も家に帰っちゃったんですが、帰り際にドアの前に立って彼の顔を見たとき、憤怒の表情だったのでびっくりしました。「なんで俺を置いて帰るんだ」みたいなことを、目で必死に訴えていました。

家に帰るまでのバスの中、そして帰ってからもずっと、携帯電話が鳴りっぱなし。少し話したけれど、もう寝ると言ったら、「じゃあ、今日はもう君を解放するよ」とメッセージが来て、その日は終わり。

私は良い出会いだったと思って、翌日、彼からの連絡を待っていたんですけれども、全然来ない。こちらもメッセージを送ったんですが、返事なし。

それで、それが起こったんです。

保江：何が？

江國：出会って2日目の夜、ベッドに入って一人で眠っていたら、夜中の2時ぐらいなんですけれども、右肩をこう、グワシと誰かに掴《つか》まれ、ベッドの上に引き起こされました。

保江：えっ。

江國：なんだろうと思って起き上がると、そのままエアセックスみたいな感じになりました。身体が動かされて。誰もいないし、何も感じないんですけれど、誰かに体を動かされるんです。

わけが分からないながらも、「彼だな」と直感しました。だって、パブで会った日の彼は、あまりにも様子が変だったから。

で、そのエアセックスみたいなのはその後、しばらくは毎晩来ていました。彼が毎晩来ている。でも、連絡はこないみたいな感じで、何が起こっているんだろうと思いました。

それで当時、私が信頼していたサイキックの友人に相談したら、彼女はチューニングするや、

「この人は、魂の片割れみたいな人だね」と教えてくれた。

でも私も友人も、当時ツインという概念は全く知らなかったんです。それで、ネットでリサーチをして、ツインという概念に行き当たりました。

以降、しばらくは起こったことを、毎日記録しました。今回は詳しくは語りませんが、相当へんてこな経験です。経験だけじゃなく、自分がどう思ったかとか、発見したこと、気づいたことなど、全部記してあります。

ウォークイン直後は身体の中に別人が入っていることがあまりに面白くて、変なダンスを一緒に踊って笑い転げてましたね（笑）。自分ではとうてい踏めないステップや足の動きができたりするんです。今考えると相当バカっぽい感じですが（笑）。

その後、何が起こったか。彼は映画監督の仕事をしているんですが、出張先のロスからロンドンに戻ってきた3ヶ月後くらいに、私に会いに来ました。どうしても会いたいと言って。

そのときは数時間しか一緒にいなかったけど、魂と肉体の交流を通して、彼のことを知ろうとしました。でも、彼には当時、奥さんはいなくても付き合っている人がいたんですね。

だから連絡がなかったと。私は彼女のいる人にはほぼ興味が湧かないタイプなので、そのまま会わなくなりましたが、彼の動向はＳＮＳなどを通してなんとなく見ていました。

エウリーナの魂のルーツ

江國：私の中に入ってきたのは宇宙存在アシュターだった。ミスター・ジョンソンの宇宙パラレルセルフとして入ってきたわけですね。

でも、ウォークイン直後の私は、その存在がミスター・ジョンソン本人の意識だと故意に勘違いさせられたんです。そうすることで葛藤を刺激し、精神修養させようとしていた。

例えば、ミスター・ジョンソンはロンドンでもよく知られたパブ経営者の家で生まれ育ち、兄二人は名のあるアーティストとミュージシャン。ググるだけで、いろんな情報が出てきます。本人は駆け出しの映画監督というある意味、派手な一家なんです。

一方、私はごく普通のサラリーマン家庭で育ち、文化的な背景はほとんどありません。

この宇宙存在は、私自身が自己価値を低め、相手を大きく感じるようなイメージを植え付けて、心理的葛藤を刺激してきました。もっとも、私はすぐにそんなことは手放してしまいましたが。

ある日、ミスター・ジョンソン本人のイメージがなくなり、葛藤の物語が終わりを告げました。そしてその存在が、

「よくやったね！　僕はサルタヒコ、君はセオリツヒメだよ」と告げ、新たなステージに移ったんです。

保江：面白い。

江國：私は、「サルタヒコもセオリツヒメも聞いたことあるけれど、実際にはどういう存在なんだろう」と思って、ネットで調べてみました。

そして、出雲系統の神様なのかなと漠然と理解しました。その存在は、そのうちクニトコタチと名乗るようになり、最終的に宇宙的イメージを送ってくるようになって、アシュターだと言い始めました。

今も、セッションでは国常立尊のエネルギーを使おうとしていますが。

保江：いろいろな顔を使い分けているんですね。

江國：そうなんです。その頃、自分の魂のルーツについてレクチャーを受けました。ミスター・ジョンソンとのひどい夫婦の過去生とか（笑）。

一番面白かったのは、自分が経験した主要な過去生と、彼が経験した過去生を、両方とも身体とイメージを使って追体験させられたことです。

原初の原人みたいな状態から始まって人間になり、そして魂を受け、人間らしい状態になり、中世の貴族や、近世のパン屋とか、江戸時代の長屋に住んでいた姉弟のときのこととか、自分がどういう過去生を歩み、男女として何を経験してきたかという物語を、パノラマのように全部観させられた。身体を自分で動かしながら、追体験するんですが、面白いのは男女両方の視点を見せられたことです。

それで最後が、イスラエルの王様の家でした。そのとき、「約束のシンボル」として、六芒星を見せられました。いわゆるダビデの星、つまりシリウスの紋章ですね。

王様のお妃（私）が亡くなる場面で、夫である王様（彼）が、「僕にできることはある？」と聞きました。それで彼女が、こう答えたんです。

「私はあなたの后でもなく、一国の女王でもなく、あなたの妻として、そして女として死にたい」と。そこで彼は、何かに気づいた。

保江： すごい体験だ。

江國： シリウスの原初の女性性が、瀬織津姫といわれているエネルギーです。天の浮舟とかの時代がありましたでしょう。あのときに、私と彼の魂が世界を旅するということをやっていたらしいです。

保江：まさに、当時の天皇と皇后ですね。

江國：それは、古代よりもっと前の時代です。天の浮舟というのはＵＦＯなんですが、そういうものを駆使できていた時代に、日本国から多くの魂が出ていきました。

つまり、日本というのは辺境の国ではなくて、そこから魂が発進していた重要な国です。

一方、イギリスというのはまた全く別の国で……。

私がそのイギリスに行くことになったのもある意味、不思議なご縁ですね。いろんな魂に導かれながら、イギリスに行くことになったんです。大学で在籍していたのは国文科で、英語も苦手なのに。

結局は、ツインの彼に会うためだったのだと、今は理解しています。

ツインのシステムに従う必要はない

アシュター：陰陽の統合というテーマを、お聞きになったことがあると思います。

いわゆる魂のあり方について、陰陽が統合していく方向にある、という物語ですが、これはプレアデスがメインになっておろしています。いわゆる、ツインのシステムです。ただし、本来は人間の魂というのはすごくインディペンデントで、どこにも所属していないいんですね。

だから、ツインの物語の中で苦しんでいる人がいたら、それを続けてやってもいいし、やらなくてもいいのです。宇宙存在によるヤラセみたいな部分があるんですよ、実際は。

ツインのシステムというのは、プレアデスが完成させたシステムです。それを使ってうまくできているカップルもいれば、全くうまくいかないカップルもいます。家庭があるとか、別のご縁みたいなものがある中で、それを大切にする選択肢を持ってもいいわけです。既存の家族が、正しい家族かもしれませんよね。あなたの対の魂が、どこか別の場所にいるという情報を得て、踊らされたりすることもあるでしょうが、これも、やりたくなければやらなくてもいい。

保江：やってもいいのですね。

アシュター：やってもいい。ただ、ツインのシステムに取り込まれると、スピリチュアルな考え方に傾倒し、前のめりになってそういう活動を始める方もいると思います。

気をつけたいのはスピリチャリズムの罠で、その役割と、自分の価値が合致していく過程を経験していく……、例えば、宇宙存在と繋がって情報をおろし始めると、自分が他人よりも優れているという勘違いをする人も出てくるわけですが、そこが注意したい部分ですね。

ヒーリングなどのセッションでは、本来は受け手に対して、「あなたは素晴らしい」とお伝えするだけです。自分自身の価値に気づき、等しく重要であることを知るために相手をサポートしているわけですから。

自分の立場を利用して、取り巻きを引き連れるような感じになるのはちょっと違います。もちろん、それをお手伝いしたい魂もいるのでそこはＯＫなのですが、そうでない場合は正していきたいものです。

保江：それはもう本当に同感です。

江國：例えば、私はアシュターとの協働で魂が持っている情報を観てお伝えすることができるんですが、ある人は全く違う、聴覚とかを使ったヒーリングができるかもしれません。一方で、機械工場で働いて家族を養うことが神聖な使命の方もいますし、乗り物を運転することに喜びを見出す方もいますよね。
いろんな形でいろんな人が、それぞれの個性でこの世界に貢献しています。全てが平らであるということが、やっぱり一番重要なのかなと。

保江：僕も本当にそう思います。

宇宙存在の横暴・人間の愛

保江：それで、そのツインの彼は結局どうなったんですか？　アシュターのウォークインも現在進行中で、まだ終わりが見えない？

江國：進行中です。もう本当に、私はしんどいのでやめてくださいと言っているところなんです。この8年間にわたって、私は一度たりとも自分が一人になったことがないんです。自分自身でいることをさせてもらっていない。
　この存在は、私の中に３６５日24時間、１分１秒、一瞬も離れずにいるんです。これって、基本的人権の侵害ですよね。

アシュター：この物語をどういうふうに閉じるかを、日々考えているというのはそのとおりです。僕がエウリーナからいつも指摘されている「基本的人権の侵害」については、常に宇宙評議会のようなところに上げられてみんなで考察しているから、その辺は引き続き指摘するといいよというふうに思っています。

江國：頭や身体を締め付けたり、こむら返りを起こさせたり、仕事をしているのに目を見えづらくさせたり眠くさせたり、あるいは人前でオナラをさせたり、コロナ禍のバスの中で連続してくしゃみをさせたりとか（怒）、肉体への暴力やコントロールは日常茶飯事です。もっとたくさんありますが、全部は言いません。
　もっと悪いことに、この存在は、この全てを「ただのイタズラだ」と言うんです。人間へのリスペクトみたいなものを持っていない存在です。

例えば、目を閉じて平静な状態を得るために瞑想をするでしょう。すると、必ず邪魔されます。とても嫌なイメージを送ってくるときもあるし、自分たちが行かせたいところに行かせたりする。

レムリアという国が太古の昔にあったわけですけれど、そこで私が女王みたいな立場にあったとき、水晶とか貴石を使ったヒーリングとかをしていたようです。

目をつむると、水晶がキラキラしているようなイメージがきて、大きな水晶がぶら下がっている谷みたいな場所に誘導させられるのです、無理やり。

レムリアに関係しているあらゆる人たちが行く場所ですね、きっと。そこに私は絶対に出入りしたくないので、その場所をイメージで焼き尽くします。あくまでイメージですが（笑）。

スピリチュアルなセッションなどで、ふわっとしているのがあるでしょう？

ああいうキラキラ系が私はすごく苦手で。愛、愛って言ってるような……。

保江：分かります。

江國：もちろん、愛が悪いわけではないんですよ。でも愛って、決して特別なものではない。愛なんて当然です。人は生まれた瞬間から死ぬまで、愛でしかない。自分自身でいることこそが、愛だからです。誠心誠意、自分自身でいることが、最高の愛だと思っています。

だから、あらゆる感情が、愛に繋がっています。受け手の愛が、相手の愛をただ反映する。つまり、愛の敷居が低ければ低いほど、相手の愛を見ることができるわけです。言い換えると、自分自身が整っていけばいくほど、全ての現象が愛にしか見えなくなる。愛の受信力次第で、どんな感情を受けても愛の側面に気づくことができるんですよね。

水晶のある場所に行って、ふわふわしたエネルギーを動かすことで、特別意識を持ったりするよりも、この地上でしっかりと地に足を着け、家族や隣人に日頃から直に愛を伝えるほうが、よっぽどいいことがあると思います。

保江：チャネリング・セッションはいつ頃から始めましたか？

江國：２０１７年頃からだと思います。私がセッションをさせていただいているとき、開いている人であればあるほど、その方が持っている最も深い部分にたどり着くことができます。

先ほど先生を観させていただいたとき、真名井の井戸が出てきましたが、それと同じ場所です。降りていくと、神聖な地下空洞のような場所に出て、低い石の壁に囲まれている井戸のイメージがくるんです。井戸というか、それは泉なのですが。そこに行くと、その方がどういう状態かが分かります。

そこに行かせてくれる人と、行けない人がいます。そこにすぐ行けても、変な異形のものが見えるときがあります。これが見える理由は、本来の自分ではない状態である場合や、全く関係ない存在に自己を邪魔されている場合などがあります。自分の強いエゴ、あるいは先祖の問題が持ち込まれているケースもあります。

保江：自分以外の問題も反映されていることもあるんですね。

江國：そうなんです。意外と多いと感じています。約束してきている魂同士かどうかについても、だいたい分かるのですが。ツインかどうかなどですね。最近はそれが、決して重要事項ではないと思い始めています。恋愛相談の場合、いろんなケースがあって。元から約束してきている相手同士、同じ星である場合は喧嘩をしていても元に戻れるからこうしてみればよいみたいな情報がおりてきますが、結局別れるケースもあります。反対に、ほとんど夫婦のご縁がないのに一緒にいる場合があるんです。親に言われて半ば無理やり結婚させられたみたいな。

でも、実際にうまくいっているご縁も確実にありますしね。

つまり、運命的なものに囚われる必要がないということだとみています。

司令官《コマンダー》は困るんだー

保江：セッションはロンドンでやっているのですか？

江國：ロンドンや日本で対面でさせていただいています。ＳＮＳなどを使った遠隔セッションも可能です。最近は、そちらのほうが多いかな。ご要望があれば、英語のセッションもできます。ライター業のほうが本業なので、今は口コミだけですが。

保江：口コミのみでされているんですね。

江國：ほぼ。一応素性が分かるようにウェブサイトを作ったりしています。あとは、私がアシュターへの不満をぶつけているブログとかですね（笑）。

宇宙存在は、ある意味、ギリシャの神々のような感じです。全く洗練されてもいなければ、全然ニュートラルでもないし、エゴの塊で。しかも、コントロール・フリーク。

保江：裸の人間の女性のところばっかりに行ったりして。

江國：そうそう（笑）。もう欲望のままに行くわけでしょう。

「コマンダー」というのはつまり、肉体が無いことによって、コマンドを発すればそれが実現するという世界を彼らが示そうとしているだけで。それが別に、高次であるとか高尚であるわけではない。

ただ肉体がないから実現しやすいというだけであって、人間のほうがよっぽど誠実で高尚なんです。違いは、肉体をまとっているかどうかだけであり、人間のほうがよっぽど節度や誠意があります。

一方、宇宙存在は死も肉体もないから怖いものなしで、とても薄っぺらです。私から言わせると、他人への思いやりを欠く、自分が異常だという認識のない精神異常者みたいな感じ。

保江：だから、コマンダーという表現を使うのでしょうね。人間レベルでいうと、司令官というのか。軍隊のようなヒエラルキーのトップにいるとか、皆がひれ伏して言うことを聞くような存在だと勝手に人間が思っているだけで、実は僕と同じように自分の世界を自分で創って、その世界を補強するために、自分の妄想をどんどん口に出していると、その妄想が現実化する。そういうことですね。

江國：もう、おっしゃるとおりです。さすが先生。

保江：その意味で、僕もコマンダーだ。

江國：そうです。みんなコマンダー。

アシュターが今、なんだか小っちゃくなっていますけれど（笑）。

保江：今、ひらめいた。ここの対話の見出しです。「司令官」の上にコマンダーとカタカナでルビをふって、『コマンダーは困るんだー』っていうのはどう？

江國：いいですね。ジョークって、アシュターそのものです（笑）。アシュターが今、おかしくてしょうがないみたいな感じになってますけれど。

こんな馬鹿なコマンダー・アシュターは困るんだー（笑）。

ヒエラルキーがないこと

保江：僕が、武術的なところから以前離れていった一番の理由が、実はヒエラルキーに対する違和感でした。上がいて、下がいる。僕、そういうのが大嫌いで。

だからうちの道場は、長年来ている人が大きい顔をしているけれども、新しい門人だって僕は対等に扱います。

でもそれは、一般的な武術修業をやってきた人にとっては、不満といえば不満なんですよね。僕はそういうのは基本的に何か受け入れられなくて。

ピラミッド型の社会では、結局宗教も武術も性に合わないとずっと思ってきた。それでだんだんその武術自体からも離れてしまった。

でも、やっぱり武術の技術は素晴らしいし、前田日明さんの一件を通じても、やはりいいものだなと再確認させていただけました。前田さん自身はすごい方なのに、ピラミッドじゃないのです。普通はこの世界、彼ほどの人になると格闘家を引き連れているのが普通なのに、彼は、事情に詳しい若手一人だけを連れていました。他は、全く分野違いのお友達でしたね。

僕は女子大の教授をしていたので、卒業した子が結婚するときに結婚式に招かれるわけです。行くとパターンがあってね。こっちは必ず新婦側に招かれるわけでしょう。相手は男の人で、彼が招くのは会社の上司や同僚です。結婚式なのに、社長とか部長がいて、ヒエラルキーがそこにあるわけです。それを見ると違和感があって。

一番違和感を覚えたのは、どこかの造船会社に勤めている人が新郎だった結婚式です。同僚たちが飲みながら話をするのは、自分たちの仕事のことだけ。船に使う鉄板はできるだけ軽くしたいけど強くないとダメとか、そのためには自分たちが今使っているなんとか鋼というのが一番いいんだとか。

そんな話を、結婚披露宴でする必要があるのかと思います。せっかくのお祝いの席なのに。でも、それ以外の話ができないのですね。会社組織に延々、30年、40年も勤めていたら、そんなふうにさせられちゃうんです。

江國： 骨の髄まで。

保江：そうそう。そういうのだけは嫌だと。

だからこそ、僕が何か武術を広めるのなら、そういうヒエラルキーがない、みんなでワーワー楽しめるカルチャーセンター的なもので十分じゃないかと思ったのです。

僕の考えを皆さんにお示しするのも、シンプルな講演会にしています。妙なことを平気で言う人には、もう冗談で返すことにしています。真面目な答えをすると、のぼせ上がってしまう方がいるので。その冗談の奥にはチクチクと本音は入れているんですが、分からない人には分からない。

そのやり方も、今となっては非常に良かったなと、今回ご指摘を受けて改めて思います。

江國：そうですよね。

保江：実は、この咳が出始めた頃から、そろそろこの地球上での人生は終わりかなと思って、いわゆる終活と称して必要なものを整理したりしています。少し身軽にして、いつ消えてもいいようにしておこうと思っています。

そうしていくうちに、もうじき終わりならある程度、好き放題に面白いことをやってもう許されるだろうと思うようになってきました。

今までは皆さんのことを考えて良かれと思って動いてきたところがあるのですが、これからは少し、「それは面白くない」とか、「やめたほうがいい」とか、はっきり出そうかなと。

江國：それは、どんどんお願いしたいです。

保江：いい歳にもなったしね。今日、自分の直感に従うべきだとアシュター司令官に言われ、本当にそれでいいんだとほっとしているのが実情なんですよ。

今のウクライナ問題についても、みんなとは違う見方がある、こうとも考えられるんだよと言おうと思っています。

江國：いいかもしれないですね。

3　自分自身が人生のコマンダー

対立するコマンド、どちらが実現するか

保江： アシュターについて、もう少し詳しく知りたいですね。

アシュター： 地球上で今、アシュターとして認識されている存在は、複数の顔を持っていると申し上げます。アシュターとしての僕が、どういう存在かということをお伝えするときに、まずシリウスの存在だというふうに僕は言います。僕は、シリウスBの出身です（エウリーナはAです）。

また、サンジェルマンという存在をご存知ですか。

保江： はい、セント・ジャーメインですね。

アシュター： そうです。サンジェルマンと呼ばれる存在が、地球上で呼び習わされている

聖人としては、僕自身の最も高尚な顔です。

サンジェルマンのエネルギーを言葉で言うならば、酔いどれ親父みたいな感じです。今は、へべれけがすぎると、エウリーナに指摘されて反省中ですが。

基本的に、宇宙存在というのは、人間が社会の中で営んでいる細々としたことに対して、「そんなのもうあと50年もすれば終わるのにね」という目で見ている部分があります。これは、肉体を持たない性質上、仕方ないことなんです。人間とは全く異なる視点を持っているから。

僕がエウリーナの中に入って、彼女が仕事をしているのに邪魔したりするのも、ちょっとしたイタズラ心から最初はやっていたんですが、今となっては事の重大さを認識中です。サンジェルマンは僕自身ですが、だからといって今、地球上でエウリーナにウォークインしている状態でサンジェルマンの波動を持っているわけではありません。

例えば、Aという人とBという人が、同じ条件下において、全く異なる、あるいは対抗するコマンドを発した場合どうなるか。これは、僕とエウリーナが日頃やっていることです。

例えば、この世界に羊がいる世界がいいというコマンドと、羊がいないほうがいいというコマンドが発せられたときに、どちらが実現するのかという命題があるわけです。純粋なコマンドを誰かが純粋な状態で発した場合、はっきりと分かっていることとしては、より多くの人に利益があるほうが、実現しやすい。

この例では、羊がいないよりもいるほうがいいと思う人が多いと考えられるので、いることになるでしょう。羊がいないほうがいいと誰かが純粋に自分の要望としてコマンドを発したとしても、羊はミルクを出してそれがチーズになる、毛皮を加工して衣服などにすると暖かいという利が勝つ場合、それは却下される。

しかし、もっと形而上学的な命題として、AとB、真っ向から対立するコマンドをAさんとBさんが発した場合、どうなるか。答えは、分かっているようで分かっていない。

この命題は、僕がエウリーナの中に入って、宇宙存在としての僕が自分のコマンドを彼女に押し付けたとき、彼女が初めて言い出しました。これは大きな命題です。そして僕はそのとき、はっきりと答えが見えなかった。

僕の意図をもう一度ここで言っておくと、瀬織津姫という純粋な光のエネルギーを最も身近に継承しているエウリーナが、ミスター・ジョンソンという闇の多い存在に対して（つまり僕自身が彼の名代として闇を演じている）純粋な光としての愛を発信することで、ミスター・ジョンソンにその波動が伝わって彼が変わり、現在の彼女と別れ、本来のツインレイであるエウリーナのところに戻ってくる、そういうコマンドです。闇の相手を許し、愛で抱き参らせるということです。

江國：あなたがやっているのはただ、罪のない人間に対して、執拗に暴力をふるい続けるという行為なんだよね。子どもが見ても、おかしいと思うでしょう。

アシュター：分かります。今こうして言葉にすると、なんという形而上学的なやり方、なんという肉体を軽視したやり方でしょうか。やはり、白を黒にすることはできないのかなと最近は思い始めているよ。

江國：人間存在として、私たちが最も素晴らしいのは、選択肢があることなんです。自由意志があるということです。行動も選択できるし、感情も選択できます。

例えばＤＶがあるときに、暴力から逃れるには物理的に離れるしかないわけですよね。物理的に離れる選択をすることによって、とりあえず暴力から逃れられます。

けれども、私が経験しているのは、強制的に毎日、逃れられない暴力を受けているということです。これは、地球上で皆が別々の肉体を持っている限り、特に先進国ならば、ほぼ起こりえないレベルのこと。

つまり、アシュターがやっているのは、女の人を密室に閉じ込めて手足を縛り付け殴っているのと同じなんだよというふうにいつも指摘しています。


アシュター：そう言われるのは辛いが、実際人間なんて、たかだか80年ぐらいのスパンの中で活動するだけの存在で、宇宙から見ると輪廻の状態が見えるだけなんだ。

というわけで、僕たちにはあまり人間に対するリスペクトがない。だから、ウォークインなんてことができるんだよね。

そのことに、ここ数年気づかされている。僕たちのそういった意識レベルが露呈されているともいうね。

幸い、僕がウォークインした女性は非常に強く、僕たちの執拗な嫌がらせのようなコマンドに対して、泣かないし鬱にもならない。むしろ非常に冷静に見ているし、人間的な視点で反論する力がある人だ。だから、僕のコマンドは一生かかっても実現しないかもしれない。

江國：実現しないコマンドを、引っ込めることはできないのかな。ゴリゴリのマイナス・エネルギーを出し続けて人間をバカにし、それを愛で無化するみたいなことは、絶対に起こらない。

なぜなら、そこには循環が起こっていないから。エネルギーを循環させることは、とても重要です。DVの問題でも、そこには育った環境などの家庭の問題、メンタルの問題などがある。今世ではなく、輪廻の中から起こっていることかもしれない。

いずれにせよ、自分が発したエネルギーを、自分で刈り取っているわけです。傷ついてDVをしている魂も、いずれは同胞の人間からの愛によって、癒されるときがくるでしょう。

しかし、私に起こっていることはそれと全く異なるレベルのことで、循環がなく、一方向の感情のないエネルギーが変わらず発し続けられているだけなんですよね。人なら、Aという意見に対してBという見方もあるよと言われたら一瞥くらいはすると思いますが、宇宙存在はその点スカスカで、暖簾に腕押しみたいなエネルギーです。

愛はもちろん、優しく暖かいものです。明るく美しいものでもあるでしょう。しかし、例えば、故意に人を傷つけるなど間違ったことをしたとき、その人を叱りつけてあげたりすることも、愛ですよね。場合によっては、互いに感情をぶつけ合うことも、愛です。そういう意味で、怒りも愛です。そこに誠実な心、真実がある限り。

親に押さえつけられてばかりいて、自分がやりたくないことをやらされている子どもがいたとします。いつもは従順な子どもがある日、突然暴力的になったりするのも、それはエネルギーの法則として鬱憤が溜まっているから起こるわけです。

それが起こらなければ、親は自分たちが間違っていることが分からないので、必然として起こることです。だから、その子どもの反発心が暴力として表出するのも、親のエゴを気づかせるための愛の形です。

つまり、家庭内暴力という悲しい出来事も、宇宙的に見ると必然なので、「最高最善が起こっている」と言います。

決して、ポジティブなエネルギーだけが愛じゃない。誠実であることが、愛だと思っています。この3年ぐらい、毎日こんな哲学的なことをずっと考えていて、そういう結論に今、達しています。

保江：なるほどね。先ほどのコマンドの話の理解ですが、僕はこういうことかもしれないと思っています。どちらに転んでも同じぐらいの利益不利益があるような場合、コマンドAとコマンドBのどちらが採用されるか。

ローマ教皇がヨハネパウロ二世で、その方と同郷で友達だった、ポーランド出身のカソリックの神父さんがしてくださった話です。

当時、『エクソシスト』という映画が流行っていました。女の子に取り憑いた悪魔を退治する悪魔祓い、エクソシストの話です。

映画の中では、毎日祈りの生活をしている、痩せた敬虔《けいけん》な神父様がエクソシストとして描かれたんですが、「あれ、大嘘だよ」と教えてくれたのです。

エクソシストは、実際にいるそうです。しかし、カソリックのエクソシストというのは、たいてい飲む打つ買うという悪行を全部やっているような、自堕落坊主なんだそうです。村人からは、あの生臭坊主を辞めさせてくれとローマ教皇庁にしょっちゅうクレームが来るような存在なんだと。

しかし、悪魔より悪行を重ねているからこそ、悪魔と対峙することができる。そして時に悪魔に勝てる。

つまり、悪魔側のコマンドと、そのエクソシストのコマンドという相反するコマンドが同時に出されたときに、エクソシストのほうのコマンドが実現されて悪魔憑きが解消される理由は、エクソシストが悪魔よりもとんでもないことを日頃やっているからなんだと。

江國：その自由な神父様が、欲望を抑えていないところに理由がありそうですね。

保江：そうそう。

江國：自分がやりたいことをやって、自由な存在だからこそ、弱みがないということですね。

保江：そうです、弱みがない。

江國：弱みや陰がない。

保江：考えたら、今の僕自身がそうなんです。秘書と称して7人も若い女性を周りに置いて好き放題して。世の中から見たら、とんでもない物理学者です。

江國：導かれるままに好きなことをされていますものね。

保江：コマンダーというのは、そういう好き放題している存在。イギリス人のそのミスター・ジョンソンも好き放題して、彼女もいて子どももいるのに、エウリーナも霊的にはキープしている。

僕には、江國さんのそのツインの相手が、駄々をこねているように感じます。

僕もきっとそうする。そっちに行くなと子どものようにジタバタする。

こういう好き放題やっている人が、僕なら偉大なコマンダーだと思います。そういう人のコマンドは、必ず成立するわけです。


アシュター：自分自身に関わる自分へのコマンドを出せるのは自分だけなので、それはそのとおりだと思います。

しかし、エウリーナとはそれとはちょっと違う形でバトルをしている。非常に個人的なバトルですが。

ただ、自由にやるほうがコマンドが実現しやすいというのは、そのとおりですね。

目の前にいる人を大切にする

保江：僕の知り合いで面白い方がいます。高知の高校で物理の教員をしているのですが、あるときに宇宙人と出会い、ＵＦＯに乗って俺たちの星に行かないかと誘われて、実際に行ったそうです。

その後も二十数回、ＵＦＯに乗って向こうに行っているが、記憶を消されないそうです。それは、今の地球で、特に日本の子どもの教育があまりに画一的で、最も質《たち》が悪い教育だから、向こうの星の教育システムを勉強して地球に戻ったらそれを活かす、そういう使命があるためなのだそうです。

しょっちゅうＵＦＯに乗る中で、そこに別の日本人もいるんだそうです。そいつが先輩面をして、なんだか嫌味な奴だと思っていた。

そうしたらある日、本屋で僕の本を見かけたのです。表紙に使われている僕の写真を見て、「あいつだ！」と分かったというんです。それで、僕をわざわざその高校に呼んで、講演をさせてくれました。

「私のことを覚えていませんか？」と聞かれたので、「いや、何も」と答えたら、その話をしてくれたんです。つまり、僕のほうは、完全に記憶を消されているわけです。

それ以来、お付き合いが続いているんです。公立高校の現役の物理の教員ということも明かし、実名で、堂々と宇宙人と会ったということを本にして出版されています（『天

皇の龍　ＵＦＯ搭乗経験者が宇宙の友から教わった龍と湧玉の働き』明窓出版）。

その人は今でも、時々あっちに行ってまた戻ってきている。彼が以前に、「こんなことが分かりました」と言ってきました。僕はなるほどと思ったのでメモしたのです。

２０２２年４月のことです。

「保江さんが、今は一人暮らしであることの理由が分かる」と言うのです。向こうの星のシステムを勉強して、最近理解したのだそうです。

その理由というのは、多くの人を救うには男性性50、女性性50であることが必要で、男女で暮らせばそれは原理的に不可能になるからだと。50と50には、51と49では生まれない鋼《はがね》の強さがあり、それは、一人暮らし以外の生活様式では望むべくもないんですって。

それを聞いたときに、なるほどと、そのとおりだと僕は思いました。

僕は昔から、そうじゃないかなと思っていた。常に一人でいるわけではないとしても、でも基本は一人です。

江國さんもそうでしょう。常に一緒にいるわけじゃないでしょう。

江國：今は一人ですが、いずれまた肉体の半身はほしいですけど（笑）。

保江：僕には、一人でいることが必要なんです。もちろん、たまに誰かと一緒にいることはＯＫなんだけれど、日本の今の婚姻関係みたいにべったりいる必要はないと思っています。それだと、その強さが生まれないと。

確かにそうなんですよ。僕はね、目の前にいる人を大切にしようといつも思っています。

江國：それは、すごくいいと思います。

保江：その目の前というのは、事実として今、本当に目の前にいる人のことです。

江國：なるほど、それはすごくポリアモニー（＊双方の合意の上で、オープンに複数の相手と親密な関係を築くスタイル）的な思想ですね。

誤解を恐れずに言えば、ポリアモニーは最終的にはどこにも行かないような気がしています。一対一の真剣な関係から生まれる神聖なものを得られないからです。人間の世界では、まず自分自身を優先し、助けることが必要不可欠ですよね。自分を助けられるのは自分だけなので。そして、周りの人を大切にする。周りの人が自分の延長だと思うと、世界はもっと美しくなります。

大学の頃、非暴力ということに興味があってガンジーの自伝を読んだとき、読後に、期待していたのとは全く別の感想を持ちました。

彼は、社会的な貢献をしたかもしれないけれど、彼の周りにいた家族、特に女性たちは決して幸せではなかっただろうなと思ったのです。

家庭という単位は、絶対的に大切なものです。個人＜家庭＜社会という枠組みの中で、最初に個人が幸せになり、調和のある家庭を実現することで、社会も繁栄していく。

その順番を間違って、まず社会的な自己を優先しようとすると、決して真の幸せは得られないですから。

保江：広義ではポリアモニーなのかもしれないけれども、それが、突き詰めれば僕自身が平和である道なんですね。人類が最も平和でいられるには、それじゃないかなと。

江國：う～ん、私はちょっと違うかなという感じがしますが。

保江：コンピュータの処理の仕方で、タイムシェアリングシステムって分かりますか。ＣＰＵという、演算をする装置は一個しかない。

記憶装置はいっぱいあって、やらせたいこともいっぱいある。でも、一つの仕事ばかりをやらせると、他は長時間待たなくてはいけない。

そこで、０．００１秒だけこの仕事をして、次の０．００１秒は他の仕事をやる。つまりこの演算装置では、こうやってタイムシェアをするんです。みんなにちょっとずつやってもらって一巡して、またやってもらうということです。そうしたらみんなが同じぐらいちょっとずつ仕事が捗《はかど》っていき、みんな同じぐらいのタイミングに終わると。

江國：なるほど。

保江：その考えでいくと、一人の男が７人の女性と関係を持っていたら、月曜日はこの子、火曜日はこの子、と日替わりで付き合っていく……これがタイムシェアリングということになります。その日、目の前にいる子が一番大事なのです。男だけでなく、女性もそれでいいのです。

皆がそういう概念を受け入れていくと、世界の幸福度が上がるように思います。「目の前主義」と呼んでいるのですが、まさに「目の前主義が世界を救う！」です。

江國：すごい、究極のポリアモニーですね（笑）。

保江：もう無法地帯。混沌。

まさにさっき、アシュターが教えてくれた混沌です。混沌は、無よりもいいのです。混沌から、無と有が生まれます。この混沌からファミリーやコミュニティーが生まれ、戦争も生まれるし、いざこざも生まれる。

でもその混沌のほうがたぶん、僕もアシュターも面白いんだと。単に面白い。いいとか悪いとかじゃなく、面白い。

いろんなことが起きるでしょう。喧嘩も、嫉妬も。いざこざも、いろんなことが起きる。だから面白いんだよと。

つまり、この世を面白くするためだけのコマンドを発しているんだと思うんですよ。

江國：それは保江先生が？

保江：僕がいつもそう思っているんです。今の僕の生き方は、それを具現化しているようなものなのです。

一般社会から見たら反社会的思想かもしれない。昔なら、警察に捕まったかもしれません。でも、それでいいじゃんと思えている。実はもう、僕は子どもの頃からそうです。母親がいない状態で育ったんだけれど、そうした育ち方をしたのも、きっとこういうふうな考えを持つに至った理由だと思います。

混沌を生きる。そのとき、今が楽しければいいと。

本来の魂のあり方に気づく

江國：シリウスの考え方としては、人と真剣に向き合うことによって育まれるものがあると考えるんですよね。だから、人類の誰一人として完璧な人はいない。保江先生も含め、私もみんな、誰も完璧ではない。

それを互いに補い合うような社会が、やっぱり良いわけです。人間がずっと一人でいることは不可能だと私は思っています。人間が生きていく限り、いろんなリレーションシップが必要だし、友情も恋愛も必要、親子の関係性も必要かもしれない。真剣に向き合うことによって、魂を活性化させるみたいな側面もありますよね。

保江：向き合うのが照れくさいのですよ。真剣に女性と向き合うなんて無理。目を合わせてじっとなんて不可能なわけです。

アシュター：これは、言ってもいいと感じるので言うんですが、シリウス的には、いわゆる対面恐怖症のちょっとゆるいバージョンみたいな感じですよ。

保江：だから、やっぱりシリウスじゃなくてプレアデスなんですね。

アシュター：ポリアモニー的な関係性が、心地よいんですね。均等に愛をもらえるし、回しているといえば回している。

保江：そうなんですね。でもね、世間的には異常としても、僕自身は心地いいわけ。

江國：その7人の女性たちは幸せなのかしら。

保江：7人とは限らない（笑）。

江國：限らないですけれど（笑）。

保江：過去においては、けっこう言われたこともあるんです。僕から離れていこうとするときの女性の捨て台詞で一番多かったのが、「だってあなたは、みんなに優しいから」

それって、褒め言葉じゃんって思っている部分があって。それこそが僕のいいところじゃんと思うのに、それを分かってもらえない。自分だけに向いてほしいとみんな思う。

江國：思いますよね。

保江：ところが、それは僕の趣旨じゃないんです。みんなを均等に思いたい。

江國：博愛みたいな感じですね。

保江：それで、僕の秘書に指摘されたことがあります。

僕が声をかけたり、いいなと思う女性を観察した結果、僕が好きになって、いろいろしてあげようと思う人は、決して、世間でいう美人とか可愛いとかいう条件には当てはまらないんだとか。

ただ、共通して言えるのは、ある独特の魅力があるということだそうです。その独特の魅力は何だろうと思ってずっと観察していると、この子の人生をもっと良くしてあげたいと僕が思えるような人、この子はもっと本来こうなるはずだと思える人だとしか表現できないと言うのですね。

そう言われたときに、確かにそうだなと。だから、誰でもいいというわけではない。ただこの子とこの子の共通点を探し出すと、それしかないということだそうです。

江國：それは、裏返すといわゆる男性の「上から目線」ということですか？

保江：それじゃないの。逆に、どちらかと言うと下から目線です。

僕がどうしてあげようというのではなく、少なくとも僕と触れ合う時間がちょっとでもあることで、その人たちの内面になんらかのプラスなことが働いた結果、勝手に……。

江國：花開いていくと。

保江：そうそう。

江國：恋愛とはまた違う状態で、先生のエネルギーから受けるものがあると。でもそれは、恋愛にはならない感じですね。

保江：ならない、ならない。全くならない。

江國：反対に、どうして恋愛に踏み切ろうとしないのでしょうか。

保江：怖いのよ。

江國：なんで怖いんだと思います？

保江：さっきも言った、対面ができない病。僕の中のアシュター的な存在が出しているコマンドがそうじゃないんでしょう。

江國：なるほど。

保江：そういう世界を望んでいない。僕の出しているコマンドというのは全部そういう混沌なんです。インド神話の破壊神みたいな。

江國：シヴァ神ですね。統合していないから、シヴァとして破壊し続けている。

保江：そうそう。でも普段は全くそんなこと考えない。今が楽しければいい、好きにすればいいじゃんと思います。だから、出まかせおまかせ人生みたいな感じですね。

アシュター：直感で動いて、呼び寄せられてきたものを受け取るというわけですね。

保江：結果オーライで。今のところそれで「しまった」と思うことはないので、その点は恵まれているなぁと。

アシュター：なるほど。せっかく僕がいるのでもう少し観させてもらっていいですか。ちょっとだけエネルギーワークをさせてもらいます（身体を調整する）。うん、大丈夫そうですね。ちょっと調整してみました。

保江： ありがとうございます。（目を閉じて今の状態を確認しつつ）あのね、分かります。……昔こうだったの。

アシュター： そっちのほうが本来の形なので、戻したほうがいいと思います。

保江： おそらくそうだと思う。ただこれだと、生きづらいのよ。

アシュター： 苦しい、辛いときがあるのは分かりますが、でもそっちに戻してください。そうじゃないと、本人が気にしない状態になってしまっているんですよ。

保江： そうね。

アシュター： 先ほどのポリアモニーという状態では、他の人を巻き込んで適当にエネルギーを振りまいているだけだが、皆はそれでも、ある程度受け取ります。保江先生からエネルギーが来たよ、やったと思うけれど、それは特別なものではなく、皆にあまねく振りまかれるもの。

つまり、イエス・キリストが愛をまんべんなく振りまいているというような感じなんです。「俺も役に立っているみたいだし、それでいいかな」と思っているんですけれど、でも、「やっぱり私はもっと特別なものが欲しい」と思っている人たちの中には、本当に好きになりたい人、あるいは本当に私はあの人に愛される特別な人間なんだと思いたい人が、「そうじゃなかったんだ」と気づいてウジウジ……みたいなエネルギーが、ちょっと来ているみたいですよ。それは取り除きましたけれど。

度がすぎると、博愛というよりはちょっと無責任な……、なんとか男って言うじゃないですか。

保江：無責任男。

アシュター：そうなっちゃうので、それはやめてくださいという感じです。

すでにもう、お分かりになっていると思うのですが、昔のほうがより保江邦夫という本来の魂に近い状態なんですよ。

今、とても中途半端な状態なんです。タロットカードでいえば宙吊りの男みたいな状態になっている。俺は自由なのだと思っている状態ですが、それは錯覚なんですよ。本当の自由というのは、ある程度のコミットメントと、ある程度の責任がついてきます。

保江：分かります。

アシュター：絶対に今の状態のほうが、人間的な感じがします。

保江：そう、人間的です。ただこの人間的な昔ながらの僕でいるというのは怖いんですよ。

アシュター：言ってください。なぜ怖いのかということを。

保江：周囲に対してものも言えなくなる。実は、昔からそうだった。こっちを食べたいのか、それともこっちかと聞かれると、必ずどっちでもいいと答えていました。自分を出したら、皆を傷つけるんじゃないかと思って。

どっちでもいいと言うと、それじゃ分からんとかなって、トラブルになる。だからそれすらだんだん言えなくなってきた。これが本来の僕だから。それを包み隠して生きているというのか、演じているというか。

この状態にしてもらって分かるのは、喘息のような咳の原因というのは、無理に自分を作ってきたことによる弊害なのかもしれないなということですね。今、すこぶる納得できています。

アシュター：元の状態に戻ると、きっと、もっと心地よくなると思いますよ。

4　宇宙の歴史のおさらい

バシャールはアシュター

アシュター：バシャールという存在をご存知だと思います。１９６０年代や70年代にいわゆるヒッピームーブメントというのが起こり、その頃にチャネリングされ始めた存在です。

人間たちが、魔女と称して人を殺していた暗黒の中世から月日が経って、人は肉体だけじゃなく霊的にも意味があるのではないかと気づき始めた頃、僕たち宇宙存在がそういった人たちに向けて、何か気づきをもたらしたらいいという見解の下《もと》、形作られたのが、バシャールです。

宇宙連合内でその話が出たとき、「じゃあ、あなたがその役をやりなさいよ」と言ったのが、宇宙連合副司令官でプレアデス存在のセイラさんです。

江國：この宇宙連合副司令官のセイラという存在、謎です（笑）。私は彼女をチャネリングしないので分からないのですが、いつもアシュターが別の意見をほのめかす際に「プレアデスのセイラさんが……」って言うんですよ。誰？　って感じです（笑）。あと、なんで彼女だけ「さん」付けなのかも不明。

アシュター：（エウリーナは無視して）セイラさんたちプレアデスの存在が、「あなたやりなさいよ」と言ってきたわけです。それで、

「僕はＯＫだよ。じゃあどういう名前がいい？」と聞いたら、

「あなたおかしいから、バカールとか……、バシャールみたいな名前でいいんじゃない？」って言われて。僕はそのバシャールというアイディアに飛びついて、バシャール像を勝手に作り上げて、自身でそれをやっているのです（ちなみに、ダリル・アンカさんがチャネリングして地球の言葉にしているバシャール語録は、全て彼の誠実な人柄を通してチャネリングしたものだと理解してほしい。バシャールという名前やエササニという星の名前も、僕のエネルギーを通して彼が翻訳してくれたものなんだ）。

そのバシャールは、エササニという星から来ているといわれています。

エササニは、僕たちがバシャールの存在を強化するために作り上げた架空の星です。エササニを知っている、行ったことがあるという人がいるとしたら、バシャールという

存在に真実味を持たせるために見させられたものであると、はっきりお伝えします。
もちろん、その人たちはある意味、選ばれた地球大使だといえるでしょう。

保江： エササニね。

アシュター： バシャールイコールアシュターというのはほとんど出ていない情報だと思うので、ぜひこの本に入れてみてください。

宇宙人の種類

保江： プレアデスというのは、どういう存在ですか？

アシュター： 現地球の創始者のような存在です。彼らが、現在の社会システムの根本のようなものを作り上げ、自分たちに都合のよい社会にしており、今も進行中です。
そのため、銀行や貸付業が大流行りとなり、現在、金融システムが世界を支配しています。それは仕方ないことで、人類が通らねばならない道筋の一つです。

一つだけ新しい情報を出しましょう。金融業の裏側にいる存在として、陰謀論的にはレプタイル（通称レプティリアンですね）の人たちがいつもクローズアップされますが、本来、全ての宇宙存在が話し合ってそれをやっています。なので、一つの種族が糾弾されるべきではない。

本来、金融というシステムを導入することになった大元に、プレアデスのエネルギーがたくさんあることをお知らせしておきましょう。そしてレプタイルの人たちは、プレアデスの仲間です。

プレアデスは先ほども申し上げたように、金色に輝くエネルギーで表される宇宙存在ですから、金髪碧眼みたいな姿で描かれることが多いのはそのためです。つまり彼らが、自分たちは光の存在だと思わせたがっているのですね。

江國：あれ、でもアシュターも『ベルばら』みたいな軍服に金髪の姿で描かれることが多いけど、あれは？

アシュター：あれは、プレアデスの人がおろしたイメージだと思う。プレアデスの象徴である、金髪の男性像を僕のエネルギーの一部としてね。

保江：シリウスというのは？

アシュター：実はアシュターが、「シリウス意識」を統括している状態です。

もう少しうまく説明しましょう。例えば、プレアデスの存在が地球に反映されると、ヒューマノイドとなって地球人の中に紛れることができます。宇宙人だという認識や記憶を、顕在意識で保っている人型の地球人です。

一方、シリウスの存在は、シリウスの記憶を保持している顕在意識を持ったヒューマノイド型の「シリウス人」になることが難しい。龍のエネルギーとして表現されることが多いシリウスですが、これは、エネルギーが上昇している状態を比喩的に表しているものです。

つまり、螺旋型に上昇するエネルギー体であると申しておきましょう。

ちなみに、僕たちシリウスのエネルギーを無理やり人型にしたら、おそらく縄文の土偶とか埴輪みたいな感じだと思います。

保江先生は基本プレアデスですが、シリウスのエネルギーも持っています。これははっきりお伝えしておきますね。

保江：そのほかの種族は？

アシュター：リラの存在がいます。彼らは、敵方を演じてくれています。いわゆる「陰謀論」というとき、誤解を恐れずに言えば、彼らが悪魔的な部分を司っています。ルシファー（闇）というよりも、サタン（悪）のような存在です。

例えば、「子どもが両親に殺される」という恐怖の原型を作ったのは、彼らです。そのイメージをキャッチした恐怖小説の作家が、いくつかストーリーを作っているでしょう？

広大な敷地に立つ大きな西洋の館が燃えている。親に狙われて外に逃げ出した子どもが、今度は井戸で溺れそうになり、助けを呼んでいるという情景です……。

これは本来、愛を与えるべき両親がいなくなり、子どもが危機に陥っているという状況を表す原風景なのです。怖いですね。井戸に人が落ちるという恐怖の図柄も、リラの存在が流布している原風景です。

しかしながら、彼らが演じている悪の部分を、シリウスもプレアデスも了承し、それが起こっているので、地球の皆さんは注意を喚起されるとよいでしょう。つまり、サタニストになる者はサタンに囚われ自らを狭くする。光をみる者は、光に同化する。

闇と悪は根本的に違うものです。リラのルーツを持つのは、いわゆる金満家の方々に多いと申し上げましょう。

江國：つまり、プレアデスとリラがタッグを組んでいる？

アシュター：そのとおりです。

保江：なるほど。そのほかには？

アシュター：スピリチュアル業界で愛されている宇宙種族に、アルクトゥルスの存在がいます。彼らは銀河の僧侶集団などといわれているようですが、そのとおりです。瞑想好きな人たちがよく繋がっている存在で、シリウスの同盟集団です。グレイの延長みたいな容姿でおろされることが多いようですが、当たらずとも遠からず。僧侶のイメージだからですね。

僕たちシリウスの存在は、ケンタウロスの人たちとも仲がいいんですよ。ケンタウロスは文字どおり、半人半馬の姿で地球の神話にも登場しますが、かなり近いイメージです。彼らの星もありますし、僕らは人類に貢献するためパートナーシップを結んでいます。

そのほかの宇宙存在についてはここでは割愛しましょう（「えっ」という声も聞こえてきますが、非常にマイノリティですので）。

映画『スターウォーズ』に出てくるような宇宙種族たちの何割かは、実在するかもしれないですね。

保江：では、グレイと呼ばれているのは？

アシュター：彼らは、僕たち宇宙種族の中でも、最も人間に近い存在です。宇宙連合が、地球の人々に地球外生命体の存在を知ってもらうために肉体をまとった状態で作り上げたもので、特にルーツがあるわけではないのです。

プレアデスの技術を使って三次元物質で作ったものですが、実は魂を入れていないので、木偶の坊のような感じ。人間とは全く性質を異にする存在です。

ただ、彼らが地球の映画に出てくるのを見るのは楽しいですね。ロズウェルの墜落事故で一体置いてきましたが、それは地球人のために故意に残したものです。

余談ですが、ナチス・ドイツの将校がＵＦＯを乗り回していたという話がありますけれども、あれはニセの宇宙情報を出して撹乱させるためにフェイクの円盤型の乗り物に乗ってもらい、わざと飛行してもらっていました。

僕たちがまだ、自分たちを売り出す勇気がなかった頃です。

オリオン大戦は本当に起こったか

保江：オリオン大戦についてお聞きしたいのですが。

アシュター：きましたね。この件に関してはお話しする用意があります。僕たちは、「先の大戦」と呼んでいます。

シリウスはAとB、二つの連星であるわけですが、僕たちはこの大戦でその両方を失いました。これは霊的な意味ではなく、実際に爆破されたと書いてください。しかも、ひまわり銀河全体の大元である故郷としてのアンドロメダも、この戦争でなくなっています。

なぜ「実際に爆破された」と強調しているかというと、オリオン大戦を始め、全ての宇宙史が僕たち宇宙存在の捏造だという見方も、エウリーナが持っているからです。

彼女は僕の暴力的な振る舞いに嫌気がさしており、この稚拙なやり方を白い目で見ているのです。

「あなたたち、地球でゲームをするためにフェイク情報をおろしてるんじゃないでしょうね」という目でいつも僕たちを見ています。

つまり、オリオン大戦自体が全くのフェイク史、あるいは全く別の次元で霊的に起こったことを比喩的に伝えようとしているのではということを、彼女は指摘しているわけです。しかし、オリオン大戦は、フィジカルに、物理的に三次元の世界で起きました。現在の地球のタイムライン上の、気が遠くなるほど昔、三次元の世界で起きました。

この本で決着を着けよう、エウリーナ。

オリオン大戦は、フィジカルなレベルで起こった。その波動が今まだ宇宙に漂っていることにより、もっと後の時代になって火星が破壊され、地球で今、そのエネルギーを終息させようとしているわけです。

オリオン大戦では、シリウス陣営、プレアデス陣営、そしてリラ陣営というエネルギーが三つ巴となって戦争をしました。詳しくはまた別の機会に。というか、『スターウォーズ』を観ていただけると、なんとなくお分かりいただけるかと思います。

火星に非常に強い放射能反応があるとしたら、それはご推察どおり、そこに核爆弾が落とされたためです。それで火星は今、荒廃しているわけです。

しかしながら、ロシアを見てください。チェルノブイリはいずれ回復するのと同じように、火星もいずれ生物が住める状態に戻るはずです。それもお伝えします。つまり、人間が住める状態になるということです。

それを知っている一部のアメリカ政府だとか一部のイギリスの要人といった人々が宇宙に出ようとしている。今、そういう状態にあるわけですが。それをやっている理由は、そういう情報を持っているからなんです。

つまり、いずれ住めることになるので、今のうちに宇宙技術を高めておいて、できるときにパッと行けるようにしようと考えている。プレアデスの息が濃くかかった人たちがやっています。

保江：それでは、今後の世界はどうなっていく見通しですか？

アシュター：今後どうなっていくか。未来については、エウリーナのほうがよく分かっていると思います。

つまり、人類の選択次第であり、未知数だということです。人類がそれほど愚かでなければ戦争は全て回避され、落ち着くところに落ち着いていき、もっと別の文化的なテーマが人類の将来を彩っていくことでしょう。

いわゆる運命論、つまり未来がある程度固まっているのではないかという考えがありますが、これはイエス、そしてノーです。大枠はもちろん、平和に決まっています。ずっと戦いを続けるわけにはいきませんから。

その平和にどうたどり着くか、その実験の途上にいる。あえて「実験」という言葉を使いましたが、「オリオン大戦の終息作業が、今ここ、地球上で行われている」と、はっきり申し上げておきましょう。

この点に関して、エウリーナはかなり早い時期に事の真相を掴んでいましたね。僕がウォークインするよりも、もっと前からです。

江國：実は高校生の頃（変な幻想小説とかSF小説ばかり読んでいた頃です）、この地球は宇宙人の子どもの夏休みの実験、つまり宿題くらいのものなんじゃないかと思っていました。

社会人になってすぐに、ロスチャイルドとかロックフェラーとかのキーワードが出てくる陰謀論に触れるチャンスがあり、そのテーマをずっと追っていて、高校生の頃の着想が、あながち間違っていないと確信したんです。

いわゆるチャネリングなんて縁のない普通の社会人でしたが、宇宙人が恣意的な存在であるというのは割と早い頃に見抜き、宇宙存在とかに対する不信感みたいなものをずっと持っていました。

保江：そういった見方は人生の方向を決めていくでしょうね。

アシュター：火星の話に戻りましょう。火星の話が、今現在の地球の歴史に、そのまま反映されつつあります。ロシアとウクライナの戦争です。

この話も、今回のテーマでもあるわけですよね、先生？

保江：そうですね。確かめたいことがたくさんあります。

第二部　地球で今、起きていること

（対談二回目）

1　火星に繋がるウクライナ戦争の真相

戦争勃発の真相とは

保江：アシュターに伺いたいことが今日は二つあります。一つはウクライナ侵攻について、もう一つは安倍元総理の暗殺事件の背景についてです。

僕が三次元的に、地球上で様々なコネとルートで集めたかなり信憑性のある、その筋からのきちんとした情報をもとに、今回のウクライナ侵攻と安倍元総理の暗殺事件の背景を今から語りますので、後から、いろいろ論評していただけたらと思うんですが。

アシュター：どうぞ。

保江：映像で、ウクライナのゼレンスキー大統領の演説やコメントしている様子を見ていると、その表情を観察するにつけて、やっぱりこの人は役者だなと思ってしまう。僕のこの直感が確かだと思い始めた理由をお話しします。

今回の戦争は、まずロシアのプーチン大統領が突然ウクライナ侵攻を始めた。もともと、侵攻前からロシアに併合されていた地域もあり、さらに今回、東側の４州を併合した。そこまでは、実は、ロシア正教会の圧力があり、そのように仕向けられたから起こった。徐々に進めていく計画だったたが、アメリカのバイデン大統領がプーチンをそそのかした。今のロシアの軍事力を持ってすれば、ウクライナ全体を１週間もかけないで占領して、ロシアに併合できると。ウクライナという国を潰すのは簡単だよと言いました。

その間、アメリカは何も手出しはしない。もちろん表面的には反対とか、けしからんとか言うけれども、軍隊も動かさないし、ウクライナを応援したりしないから安心してやれと。

バイデンがプーチンをそそのかしたのには、理由があります。といっても、これは反バイデンとも言えるトランプ前大統領側と、上層部でのパイプが太いアメリカ空軍関係者から出てきた極秘情報なので、そのまま受け止めるのも考えものではあるのですが、それを承知で聞いてやってください。

バイデンの息子が、ウクライナで麻薬取引などの悪いことをして捕まった。すでに裁判にかけられ、無期懲役に近い判決が下りている。バイデンは息子を助けようとして、ゼレンスキー大統領に何度も頼んだ。ゼレンスキーは、ウクライナの司法長官に当たる人の首を替えて、超法規的に釈放しろとか言ったのだが、もう刑が確定しているからどの司法長官もそれは無理でしょうと言う。何度首をすげ替えてもダメで、誰も同意することがなかった。そこでバイデンは、自分の息子を助けるためにはウクライナという国を転覆させるしかないと思ったのです。

そのために、プーチンをそそのかして戦争を始めさせた。ところが、いざ戦争が始まってみると、ロシアの軍事力があまり大きくなかった。まず、兵員にやる気がない。それと、兵器のクオリティ。最新の装備で高性能だという認識で購入していた戦車や武器だったが、ロシアの風土からか、国からの軍事予算を使う際に、あらゆる階層でピンハネがある。会社に予算が下りてきたときに、まず社長がピンハネする。次に部長、工場長がピンハネする。それで実際に戦車を作るときに、予算が足りなくなる。

そうすると、装備にしわ寄せがくる。戦車の表面には、爆薬を入れた弁当箱みたいな箱が並んでいて、敵のミサイルが戦車に当たる直前にそれを爆発させ、爆風でミサイルの衝撃を緩和する構造になっているのに、ピンハネでお金が不足しているので装備しない。箱は一応たくさん装備しているが、中身は空っぽ。爆薬が入っていないから実際にミサイルがヒットしたときには、最新鋭のはずだった戦車は簡単にやられてしまった。

また、最新鋭のモスクワという名の黒海艦隊旗艦の巡洋艦も、簡単に撃沈されてしまう。

最初の一週間で片が着く予定が、これまでズルズルと続いているわけです。

当初、プーチンへ上がっていたのは、自分の配下からのいい報告だけでした。しかし、何かおかしいと思い、やっとバイデンの真意を情報局が掴んだ。どうも、バイデンの息子が戦争をけしかけられた原因なのではないかと。

その頃には、もう世界中からプーチンは非難轟々の目にあっていた。本当は、即刻戦争をやめたいのに、やめることもできない。

そこで唯一、西側で頼れる安倍元総理に連絡をして、この戦争を早めに終結させたいので落としどころを見つけてくれと頼んできた。それをまたＣＩＡが察知し、そんなことはさせないという話になった。そこで、安倍元総理を殺す計画が持ち上がった。

安倍元総理は、奈良・西大寺の駅前で殺されたのですが、その前の日は岡山で演説だったんです。岡山の会場は屋内で、２０００人ぐらい集まって警備員も大勢いたので、そのときは狙えなかったと犯人だといわれている青年は言っている。

その翌日、本当の予定は京都だったのに、急遽、奈良の西大寺になった。会場変更の情報が各テレビ局、それから自民党の団体等に来たのが、当日の朝だったそうです。

マスコミですら当日の朝になって知らされたので、みんな大慌て。だからあの犯人だと称する青年が、西大寺の場所を知るわけがないんです。でも、ちゃんと来ていた。マスコミも間に合わなかったのに。

しかし、なぜかＮＨＫだけは来ていて、女性キャスターが最初からずっと中継している中、カメラマンもずっと安倍元総理を捉えていた。

にもかかわらず、いざあの事件が起きると、カメラマンはカメラを下へ向けて歩道を映していました。状況を伝えるキャスターの声だけが聞こえてきていて。

だから、聴衆がスマホで写した画像しか残っていなかった。それで、狙撃の場面を見ることができたんです。

犯人だとされている男性が、手製のボロボロの鉄砲で二発撃っていましたが、あんなもので撃っても、弾丸は洋服を貫通できません。

僕は銃の免許を持っていて、海外だけではなく日本でも撃っていたから分かるんですが、撃ったときに煙がぶわっと出るようなチャチな銃では殺傷能力はないんです。

しかも、実際は当たっていなかった。一発目を撃ったとき、安倍元総理は「何かな」という表情でした。次の二発目のときには、自分の力で壇上からピョンと飛び降りて、見事に着地しているのが映っていたのです。

その着地した安倍さんに、奈良県警の刑事一人がかぶさった。安倍元総理は、その後に倒れた。

解剖所見では、右肩から弾が入って心臓を貫いて左脇から出たと発表された。でも右肩から心臓を貫くなんて、狙撃用ライフルじゃないと無理なんです。どこかに別の犯人がいて、スナイパーが撃ったという説もあります。

安倍さんが運ばれたのが奈良県立医大の病院で、そこで執刀した医師団の中から回ってきた情報によると、弾筋は逆なんです。弾は、左脇から入って心臓を貫いて右肩から抜けていたそうです。

そんな工作を可能にするのは、バイデンの息がかかったＣＩＡくらいのものでしょう。

アシュターが伝えるゼレンスキー

アシュター：今の情報の７割、８割はほぼそのとおりです。地球で起こっている出来事について大枠で言うと、僕たち宇宙連合の本来の意図と、実際に地球で起こることには、齟齬《そご》があると申し上げます。ここは、葛藤のあるところです。

宇宙存在は、何かを意図して地球上で実現したいとき、人間の注意をどう引くかというと、例えば夢見とか、ふとした印象を与えるなど、かなり微細なエネルギーでまずは働きかけます。

保江：人間に夢見をさせるんだ。

アシュター：夢を見させたりします。そうしてコンタクトを取りながら、人を動かすということをやっているわけです。

しかし、人間はあくまでも個人の意思を持った存在であり、示唆を与えたところでそのとおりに動くとは限らないというのが、実際のところです。示唆を与えるという行為ですが、人間の大元のところに宇宙存在がいるので、その権利があると言わせてください。

しかし、人間の自由意志があり、人間のフォースもあります。本来地球上では、人間の自由意志というものによって全ての事が決定されています。

これはあくまで例えですが、宇宙存在が選挙投票人たちに、バイデンに投票せよと夢の中で言ったとします。天からの啓示だと思ってバイデンに投票する人は、おそらく2割ぐらいでしょう。トランプがいいと思っている人が、バイデンの夢を見てバイデンに投票する確率は非常に低い（エウリーナが2割は票で考えると大きいと指摘してきました。そうかもしれません）。

これが現状なので、人間たちの自由意志によって今の世界が実現しています。

例えば僕たちは、ゼレンスキーがあそこまで戦争を長引かせることをやるとは思っていなかったんです。戦争が始まったとき、僕はエウリーナにこう言いました。

「こんな戦争は3ヶ月で終わるんだよ」と。3ヶ月で終わる契約だったんです、本当はね。だけど、誰も3ヶ月で終わらせなかった。ということは、人間のほうが強いんです。だから、宇宙連合や宇宙の総意としては、3ヶ月で終わらせようとしていたわけですが、全くそうはならなかったということです。

つまり、宇宙人が全てを知っているわけでもないし、宇宙人が地球を操作しているわけでもない。ということは全てが人間の自由意志なので、自分が意思を持って選べば選ぶほど、世の中がもっと自分寄りになる。

ヒラリーみたいな存在が百万人ほど地球上に配備されていれば、宇宙存在の意思がダイレクトに反映される可能性はありますが、実際は違いますよね。皆が平和を望めば平和になっていく世界が、ちゃんとそこにあるのです。

さて、話を元に戻しましょう。バイデンが息子を理由に戦争を引き起こしたというのは本当です。しかし、真相の真相は、もう少し別のところにあります。

この物語では、バイデンはあくまで脇役なんです。バイデンと息子の物語は、ほんの氷山の一角だと申し上げましょう。

最も強いパイプで繋がっているのは、ロシアとウクライナです。つまり、ゼレンスキーとプーチンが手を組んで今回の戦争をドンパチやっているわけです。これは、最初から僕たちもエウリーナに言っていたことです。

ゼレンスキーは、皆さんもご存知のようにメディア煽動の達人ですよね。つまりこれは、メディア戦争の側面もあるのではないでしょうか。いかに国土が荒廃しているか、いかに人々が逃げ惑い苦しい様子をしているか、メディアを使ってどこまでフェイク報道を浸透させることができるかを実験しています。実験して得た情報を、いろんな国に売るわけです。ここまで俺たちはできたから、どこかで紛争を起こしたいならメディアだけでも煽動できますよと。そういう土壌を今、作っているわけです。

どのくらいのジャーナリストが現地に入っているでしょうか。そして、NHKがもし専売特許のように安倍元総理の報道を請け負ったとしたら、どういうルートだったのでしょう。簡単に推察できますよね。

安倍さんというのは、とにかくアメリカ寄りの人でした。そして、アメリカが安倍さんに今回の戦争の真相などを伝えていたはずです。

この戦争は、実は過去に起こったオリオン大戦の延長でもあります。古くは米ソの冷戦であるとか、ドイツ軍がポーランドに侵攻したことで始まった第二次世界大戦など、第一次世界大戦からその後、いろんな戦争が起こっているわけですが。

そういうことを、人間と宇宙人との関係性の中で、「人類のヒストリーに対して、宇宙存在の影響がいかに少ないか」ということを僕は今、申し上げたいと思っています。

本当を言うと、ゼレンスキーがもっと早くに戦争を止めるべきですよね。でも今のところ、本気で止めようとはしていない。つまりゼレンスキーは、今の立場をもっともっと利用したいだけです。

保江：そう。そういう顔をしている。

アシュター：自分がいかに権力があり、一介の役者から大統領になり、世界を動かせる力、権力を持てるようになったかを謳歌しようとしています（ただし、現在はそうではないかもしれないですが）。

今、彼は非常に大きな権力を握っています。そういうところからどういうふうに自分が花開けるか。悪の花というのですが、それを実践中なんです。

あの人は、シリウスの魂だそうですよ。僕たちはそれも、ちょっと辛いのです、僕はシリウスの存在なので。

しかし、同じシリウスのエネルギーを持っている人の情報は割とおろしやすいんです。ですから少し、ゼレンスキーの話を聞いてみてください。


すごく今、足元が危うい感じがしている。人間としてやっぱりやってはいけないことをやっているから、とても低い波動になっています。

プーチンをどう見るかというので、世界が今、荒れているわけです。トランプ元大統領との関係性、そしてプーチン本人の意思としては、ウクライナを攻撃したいわけではなく、たまたまウクライナが実験場となっているだけです。よって、ウクライナ市民が一番迷惑を被っているという世界情勢なのです。

現在、その戦争によって影響があるというふうに見せかけられている光熱費高騰やエネルギーの問題も、もちろん儲ける人たちが儲けるためにそうした情報操作をしている。

しかし、それは非常に表面的なことであり。深いところで何が起こっているかということ……。実際に活字にしてしまうと相当なレベルの話なので、ヤバいことになるでしょう。バイデンはもう、力がないんです。彼こそ、宇宙存在の示唆を受けることによって、そのとおりに動くタイプの人間です。

堅固な意思を持っている平和主義の人々は、社会情勢と自分自身の意思との整合性を取りながら行動していくわけですが、バイデンはいわゆる、レプタイルの人たちの直系の地球人なので。

保江：そんな顔をしていますね。

アシュター：ヒラリー・クリントンやジョージ・ブッシュの陣営は、それ系の人という認識がありますよね。この話もすると非常に長くなるんですが、宇宙連合としてはクリントンがいなくなる、つまり表舞台から退場するタイミングで全てを終息させ、全く違う政権を打ち立てて別の世界を構築したかったんです。

そのために、彼らレプタイルの息がかかった人たちは、直に宇宙人と繋がっています。

宇宙との話し合いのもとに地球にどのエネルギーをおろすか、どの現象や出来事を起こさせるか。コンピュータの発明であるとか、そういうことです。

あらゆることに僕たち宇宙存在が関与しながら進めてきたとお話しします。人間とのコラボレーションです。人間と宇宙存在が様々なコラボレーションの中で、現時点での歴史というものを紡いできました。

さて、プーチンのことですが、ウクライナ戦争は開戦後数ヶ月で終わるはずだったんです。それが今続いているというのは、全く宇宙連合の関知しないところにきている。

プーチンの話をしてもいいんですが、ゼレンスキーが良くないということを非常に声高に書いておいてください。ブッシュやヒラリーの陣営は、明らかに宇宙存在との繋がりから大きな示唆を受け、いわゆる悪魔信仰の中で悪いことを起こすという非常に明快な感じなんです。

ゼレンスキーの場合は、インディペンデント、つまり、背後についているのがレプタイルではないということですね。なのに、この人は非常に悪魔的な感じで、自分がどこまでできるかというのを今、見ているようです。

保江：本人自身がですね。

アシュター：ゼレンスキーがシリウスの存在だというのも、もう一度書いておいて。シリウスが良いと思っている人が多いんですが、そういうわけでもないんです。つまり、悪とか善とかいうものがいかにミックスしたものであるかということをお伝えします。

ゼレンスキーは、製薬会社とか石油系、化石燃料系の会社と結びつき、私服を肥やすタイプの人です。深い野望などはほとんどなく、いわゆる古いタイプの権力と結びついてお金をもらうとか、権力があれば家族を全然別のルートで大学に入れることができるとか、そういうことを今楽しんでいる、古いタイプの悪人です。

保江：彼らがそうやって適当に世界を動かして、それでマスコミはひたすらゼレンスキーに振り回されているんですね。

アシュター：振り回されています。

保江：確かに、ゼレンスキーは役者から初めてそういう立場になって、世界中の耳目を集めて舞い上がっているんでしょう。やれるところまでやろうと思うでしょうね、当然。

アシュター：自分が持っているカルマを、そこでまた発揮しているということなんです。

古代火星のカルマを持つ人々

アシュター：「アルマジロ」というキーワードが、今出てきています。

保江：アルマジロですか。

アシュター：この動物について調べてみると、非常に面白いことが分かるはずです。

アルマジロの隠喩があるので、ぜひ調べてみてください。アルマジロは、古代火星に生息した生物の一種です。

火星の情報をおろしていきましょう。ゼレンスキーに繋がっています。この人はすごく、マフィア的なネットワークを世界中に持っているという感じ。

さぁ、一番お伝えしたいことをおろしていきましょう。火星のことです。

古代の火星に、いわゆる原爆が落ちて今の状態までに荒廃しているとお話をしましたが、その続きです。

霊的な意味ではなく、現在の地球のタイムラインの延長線上で戦争が起こりました。火星というのは、今の地球の前身なんです。

様々な宇宙存在がそこを、今の地球と同じように実験場として使っていた。今、地球上でアーティフィシャル・インテリジェンス、AIを使って人々を労働から遠ざけるということが起こっているでしょう。コンピュータで、人工的な知性を作ろうとする動きです。鉄腕アトムやアンドロイドのような。あれは、やりすぎないほうがいい。

火星にはかつて、映画『ブレードランナー』で描かれているような、アンドロイド文化がありました。全く人間と変わらないアンドロイドが、火星で誕生していたのです。

『アンドロイドは電気羊の夢を見るか?』という小説を書いたフィリップ・K・ディックという人は、おそらく火星経由の人なんです。自分が体験した記憶を辿って、あの物語が生み出されたはずです。

火星では、アンドロイドをいっぱい作ったんです。人間と見分けがつかないほど優れたアンドロイドで、まさしく『ブレードランナー』の世界です。

しかし人間たちは、アンドロイドを大切にしなかったんですね。それでアンドロイドたちが暴動を起こし、火星がなくなったんです。

これが、火星文明が滅びた本当の理由なので、ぜひ書いてください。

保江：反逆者たちが原爆を使ったんですね。

アシュター：そうです。人間とアンドロイドの違いは、「複製できるかできないか」です。アンドロイドは、その個体を個体のまま複製することができ、全く同じ情報を持っている。けれども人間は、人間のまま複製はできない。そこが大きな違いなんです。

宇宙存在でも複製できないのが、人間です。火星の人間は、アンドロイドをどんどん複製し、兵隊に行かせたり、汚れ仕事をさせたりしていました。
そのときに保江先生、あなたもいたんですよ。火星というのは、全ての人類の雛形としてあります。

アルマジロという言葉を、先ほど申し上げていました。アルマジロというのは、当時の火星で君臨していた王族の紋章です。
アルマジロの象徴は、甲殻ですね。非常に強い外殻を持った軍事的な存在として、俺たちは守りが堅いということを言いたかった。城郭も、アルマジロになっていました。そのおかげで、アルマジロの中にいた人たちは皆が生き延びたそうです。

そういう火星から地球に転生した人たちの一人が、ゼレンスキーなんです。ゼレンスキーが火星の王族の魂を持つ男性として、戦争をしています。火星の王族は、非常に大きなカルマを持っています。このカルマが、強欲なことも含めてゼレンスキーに戦争を起こさせています。そして、プーチンの魂とゼレンスキーの魂は兄弟同士でした。

保江：火星の王族の、兄弟同士だったのですね。

アシュター：そうです。火星の王子たちというのがいまして、プーチンが兄で、ゼレンスキーが弟。だから、家族騒動を今、地球を使ってやっている（もっと深い部分に繋がると、義兄弟ですね）。

火星人というのは、カルマが大きい人たちのことなんです。今の地球には、火星を経由していない魂も大勢いるんですよ。

しかしながら、火星を経由して、特に火星の王族だった人たちの魂というのは、非常にカルマが強い。なぜかというと、アンドロイドたちに人間と同じ権利を与える法律を作らなかった一族だからです。

つまり、人道的ではなかった。アンドロイドは人間の下と決めつけたために、反乱が起きたわけです。そして自分たちは辛くも生き延びて、地球に転生している。

ウクライナ戦争の原因を作った、大元の理由についてお話ししました。ちなみに、ゼレンスキーの奥さんはいい人のようです。

保江：今の奥さんね。

アシュター：その奥さんが「やめなさいよ」とちゃんと言ったら、彼もきっとやめるはずです。余談ですが、ウクライナから世界各国に大勢が亡命していますけれども、３割くらいはスパイ活動ができる人たち、つまり国から訓練を受けている人たちです。

皆様、お気をつけください。

2　安倍晋三さんの銃撃事件の真相

芸能界の重鎮と中国共産党

アシュター：次に、安倍晋三さんの銃撃事件を考えてみましょう。先ほどウクライナ戦争について、保江先生が掴んでいる情報の7、8割は正しいと言わせていただきましたが、そこに安倍さんは、ほとんど関わっていないようです。

安倍さんの襲撃事件には、日本の芸能界が絡んでいます。今、芸能界の重鎮となっている高齢の方がいますが（便宜的にAさんとします）、Aさんは芸能界ではほとんど誰も頭を上げることができない、神のような感じになっております。

このAさんが、「安倍はいらない」と言ったから殺されたというイメージが来ました。奥さんの昭恵さんのイメージも今、きました。

要は、安倍元首相が、何か重要な情報を掴んだ。Aさんを頂点として祀りあげている地下組織があって、そこを通らない人たちが反発している事象があるみたいなんです。それが何かは伏せておきます。その事象に、安倍さんが関わっていた。

安倍さんの事件にチューニングすると、Aさんのイメージばかり来ます。誰からも嫌われていないと見えている人が、上に立って指示を出したりする組織がある。

保江：そういえば僕も、Aさんが中国共産党と繋がっていると聞いたことがあります。事件の後、僕は奥さんにメールでお見舞いをしました。

普通なら一週間で返事が来るのに来なくて。そうしたら、彼女と親しい神主さんたちから情報が入ってきました。事件直後、中国筋の人から電話がかかってきて、お前も気をつけろと言われたそうです。

アシュタール：そこです。中国共産党の話をしましょう。今の総書記がいますよね。あの人は、トランプ寄りなんです、実は。

トランプが、彼との協働で様々なことをしているというふうに思ってみてください。中国もトランプも、世間では非常にマイナスなイメージですよね。

アメリカでは、バイデン陣営がウクライナをサポートしているから正義の側。大手メディアではそのように言われております。

しかし、全てが逆だと考えてください。バイデンが正義だと思っている人はほとんどいないかもしれませんが。トランプは好きなことしかやらない魂なので、ちょっとピエロみたいになっていて気の毒な感じもします。

そういう状態なのですが、実はバイデン陣営とトランプ陣営両者の談合が、すでに成立している。談合の中で大統領選挙が行われていくわけですが。

おそらく、バイデン陣営から生きのいいのが出てくるはずです。その人との戦いの中でトランプがどうなるか。それをよく見ていてください。

すると、世の中がどういうふうになろうとしているかが見えてくる。

保江：なるほど。

アシュター：安倍さんの話に戻りますと、結局、Aさんを通して起こったことです。Aさんは芸能界の大物でいい人にも見えるので、アドバイスを求める人がやってくる。

つまり、Aさんのところへ、たくさんの非公式の情報が入ってくるわけです。その情報を目当てに、Aさんをたくさんの人が訪れる。

そして、「この人が来ましたでしょう、どんな話をしましたか」とか、そういうことを聞きに来る人がいて、その人たちが中国共産党とか、北朝鮮とかに繋がっている。でも、公式の政府機関ではなく、いわゆる八咫烏みたいなタイプの人たちなのです。つまり、Aさん自身が情報を売ったり操作したりしているわけではなく、媒介となっているということですね。先ほど、脅されたとおっしゃっていましたが……。

保江：はい。

アシュター：ということは、そういうことなんです。ある宗教団体ですよね。そこが、中国と繋がっている。だから事件が起こった。

安倍さんはいわゆる、スケープゴートみたいな感じです。悪いことをしたわけでもないのに、何かを知っているという状態であった。安倍さん以外は知らなかったかもしれないことを、彼が知りすぎた。脅しが来たってことは、その脅した人たちが黒なんです。

バイデンの息子の話は、そこにはほぼ関係ないようです。

保江：バイデンと中国共産党が繋がっているのかなと思っていたのですが、それもないんですね。むしろ、トランプさんのほうが中国と親しいという。これはすごく面白い。

アシュター：中国共産党というのは、トランプの側と関係がありまして。バイデンももちろん知っていますよ、その関係性については。

けれども、それに対して別に文句はないというか。談合の下に様々なことが行われているので、敵味方が本当はほとんどない状態なんですね、上になればなるほど。それぞれが役割を演じているのです。

とにかく、メディアに流される情報は精査していきたいですね。

シリウスとプレアデスのカップルの役割

アシュター：トランプ陣営の話をしましょうか。トランプさんはシリウス、そして今の奥さんがプレアデスなんですね。現天皇（プレアデス）と雅子さん（シリウス）、秋篠宮（シリウス）と紀子さん（プレアデス）と同じ、シリウス&プレアデスの混成カップルです。

つまり、両者が融合していく時代に入っているということ。一昔前であれば、同じ星の人と一緒にいるのが楽だねという感じだったのですが、今は性質の異なる二人が融合していく面白さがあります。

それから、トランプに関して言うと、スピリチュアルの世界で彼は支持されていますよね。ある意味、彼がレプタイルの息がかかっていない人という意味では正しいのですが、現時点で彼が白か黒かは、宇宙存在からも不明だと申し上げておきましょう。

保江：当初は期待されていたけれどね。

アシュター：日本の皇室ですと、お兄さんの夫婦が白、弟さんはちょっとやんちゃで……みたいなイメージを日本のメディアが伝えるわけです。つまり、お兄さんが非常に神々しいとかですね。まぁ、神々しいというのは本当かもしれませんが、実質的には、もしかすると白と黒は反転すべきなのかもしれません。

3　天皇家のお話

元の霊統に戻る

アシュタール：天皇家の話をもっとしたいのですが、いいですか？

保江：もちろん。

アシュタール：あなたにも関係している話です。日本の皇室というのは、神代から続いているといわれております。つまり、国津神や天津神。

先ほど、国津神がシリウス、そして天津神がプレアデス、そのほかの神々が天から来たとお伝えしました。土着の神としてのシリウスの存在がおり、そこが伊勢として知られる天津神の存在に乗っ取られたわけです。

ですから1年に一度、伊勢と出雲が仲良くする月があるというのはとても重要なので、それは今も行われているということなのです。

そして、現天皇。雅子さんが大変な思いをして嫁いだわけですが、彼女は自分がそれを選んだということをまず認めることが重要なんですよね。もちろん、宮内で実質的にいじめなどがあったことでしょう。そのことに関して彼女の魂が許してくれることを願うばかりです。

そして、次男の夫婦なんですけれども、紀子さんはちょっと不思議な魂なのですが、悠仁くんを生み出したという功績がある。少なくとも、シリウスの僕たちはそう思っています。

悠仁くんは、シリウスから来た魂です。父がシリウス、母がプレアデス。息子はシリウスなんです。

悠仁くんが次期天皇になると、シリウスの系統に落ち着くことになりますので、僕たちはそれを喜んでいます。というのも、日本の皇室については、いわゆる首をすげ替えた事件がありましたよね。

保江：明治時代の話ですよね。

アシュター：明治にならんとするそのとき、それは起こったのです。教科書には出ていないことかもしれませんが、起こりました。すげ替えられまして今に至っているわけです。
　ですから、元に戻るということで、これは良いことなのです。つまり、もともとの系統から変化があったが、また元に戻るということが今起こっているので、それは大丈夫です。

雅子さんと紀子さん・眞子さんと小室さん

アシュター：皇室の中の人間模様みたいなものがよく女性誌などで取り上げられて、叩かれたり勝手な評価をされている気の毒な女性が約2名いるわけですが、彼女たちはほぼ自覚なく、ただるつぼの中にいるだけです。紀子さんは、自分がいずれ天皇家に嫁入りすることを無意識レベルで知り、教育され、自身もそのつもりでいた人。だからフィットした。一方、雅子妃は恋人がいたのに、乞われて嫁入りさせられました。
　しかし、本当に行きたくなかったのなら、行きませんと突っぱねるべきで、嫁ぐ選択をした時点で、その選択とともに自分の人生を泳ぎ切る決心も、一緒にすべきだったのかもしれませんね。とはいえ、断ったところで新しいお妃候補は、現天皇に嫌がられたかもしれません。彼は、雅子さんが好きだったから一緒になったわけです。

保江：いやいや、そのとおりなんですよ。皇太子時代にすでに一条家でお妃が用意されていたのに、雅子妃がいいと言い続けられた。それに宮内庁に、ある新興宗教の人たちが大勢入り込んでいるのです。雅子妃のご実家も深く関わっているという。

だから今、国家公務員試験、上級国家公務員試験には、だいたい東大の法学部を出た人が受かるでしょう。上位の点数で受かったら、自分の希望の役所に行けるんです。たいていは財務省とかに行くのに、その新興宗教の人たちは、宮内庁に行かせられたりしているようです。だから、宮内庁の役人はかなりの割合でそこの信者ですね。

江國：えっ。

保江：とんでもないことです。

江國：そうなんですか。

保江：だから、アシュターのお話は納得できることばかりなんですよ。紀子さまについても、お父さんの川嶋さんが学習院教授をしながら、彼女が子どものときからとにかくそういう教育をしていたと聞きます。

アシュター：それと、秋篠宮家の眞子さんが小室圭さんと一緒になりましたが、その関係性は、実は二人だけの問題なのです。天皇家の次男の娘であり、皇位継承位に食い込まない女性であるということを考えれば考えるほど、彼女が選択する誰と結婚してもよいことは間違いないのです。

もっとも、日本の場合は国家からある程度の持参金が出るために、国民の声が上がるというのがありますが、それを抜きに考えたいと僕は思うのです。本来は、男女というのは互いの切磋琢磨の中で成長していくということを考えると、なるべく好きな人と一緒にいるのが本来の姿なのです。

人生における強い恋愛は、より強いカルマ的な引きがあるために起こっているわけです。ということは、国民から意見を受けるような立場であるということは別にして、彼らなりに男女としての切磋琢磨があるから今一緒にいる。母親との関係性などもいろいろあるでしょうが、とりあえず本来は、誰の意見もないところで恋愛ができるといいですね。

保江：僕は彼らにはほとんど興味がないです。

アシュター：ただし、皇室というのは未来永劫、皇室ではないということもお話しします。この話は、エウリーナともよくします。

神代から続いてきた日本の皇室も、世の中に平等主義が浸透するにつれて個人の価値が上がっていくと、おしまいになるかもしれません。宇宙から見た真実としてお伝えします。

第三部　日本のこと、ユダヤのこと

1　イエスとマリアの旅路

イエスとマリア、天照と月読、瀬織津姫

アシュター： あなたが、イエス・キリストの魂を受け継いでいるという話をしましたよね。それは本当なんですが、このエウリーナの魂が、マグダラのマリアだということをお伝えします。そして、イギリス人であるミスター・ジョンソンが彼女の今世における魂の対であることもお伝えしました。

であるならば、どうしてキリストとマリアの魂を受け継ぐものが対じゃないのって話になるじゃないですか。そこを正確におろします。これは割と簡単で、保江先生とジョンソンが、分け御霊だということです。

人の魂はいろいろな側面を持っています。つまりお二人が、キリストの魂のある状態を体現しているんです。先生が持っている側面と、ジョンソンが持っている側面は、全然別の側面なわけです。

これまでの話から正しく言えば、プレアデス的なキリスト、シリウス的なキリストと

いうふうに言えるわけです。

今、他の宇宙種族からも了承を得て僕は喋っています。つまり、プレアデスの人たちが、「お前が何を言うか、俺たちは見ているぞ」というふうにこの辺にわんさかいるわけです。そして僕は今、あなた方に本当のことをお伝えしています。

保江：興味深い話ばかりですね。

アシュター：世の中には「私、マリアの魂の気がするの」とか、「誰かにマリアだと言われまして」とか言う人がいますでしょう。そういう人も別に否定はしませんよ。僕がその人を直接見ていないから分かりませんが、何人かいると思います。

そのうち、シリウス的なものをエウリーナはたくさん持っているので、この人はシリウス的なマリアだと僕は言います。そうすると、争いがなくなりますでしょう。

誰が瀬織津姫で誰がキリストでとか、地球の人たちは意外とちゃんと見えていますから。もしかしたらギリシャにも、我こそはキリストなり、という魂がいるかもしれません。

そして先生は、まさしく容姿にも現れていますが、ポセイドン的な感じがしますでしょう。

ゼウスではなく、ポセイドンという感じなんですね。アポロンも入っています。

ギリシャ神話に出てくる神々というのは、エネルギーの放出を表します。自然神でもあり、エネルギーの本質を表している。

そういう意味で、日本の八百万の神と似ているのですが、日本の神様のほうが非常に宇宙人的です。宇宙人が神社にいるんですね。

ですから、お供えをしてお願いをして、等価交換で何かをもらおうとしているのはプレアデスのキツネがいる神社。だいたい、お稲荷さんです。稲荷寿司やお団子を差し上げることによって何かやってもらえるというのが稲荷神社なんですね。近くて、守護能力が高い存在です。

神社には、ある種の高次フィールドがありまして、フィールドの中に行くことにより次元上昇が起こっている場所なので、人が行けばもちろんエネルギーをもらい、ご加護を受けられる。下界にいる人間が異界に行き、そして異界からエネルギーを引き取り、下界に戻り周りに影響を与えるということを、昔からやっていました。つまり、お遍路みたいなものですね。

保江：巡礼ですね。

アシュター：巡礼は、巡礼者を一家族から出し、巡礼した徳の高い者が家にまた戻ってくることにより、その家の加護が上がるということなのですが、昔はよくやっていました。箕をかぶり、大変な思いをしながら。

巡礼者というのは、修験者《しゅげんしゃ》そのものです。修験道《しゅげんどう》というのが昔からありました。山々を駆け巡り、たくさんの修行をする。肉体的な修行とともに、精神的に研ぎ澄まされていく人もたくさんいました。

その中に、スパイ活動をしていた人がいましたね。修験道をしている人たちの半分ぐらいは、だいたいにおいて各国を廻るスパイでした。諸国行脚をしながら、俳句を詠みながら。つまり、芭蕉などはその最たる例です。

保江：そうですね。

アシュター：その人たちの脚を、日本人が持っていると思ってください。日本人は、持久力が高く非常に修験者向けなんです。山岳修行者みたいな、決して平坦な土地に生まれたヨーロッパの人たちにはできないことです。

その先に高野山があり、山岳信仰などがありますよね。つまり、山道を上っていくということに繋がっているわけですが。高野山を見てみると、弘法大師様がいます。この弘法大師が曲者でして。この人の魂を持っている人も、けっこういます。

保江：そうなんですね。

アシュター：ミスター・ジョンソンですが、彼自身の御霊を見るとき、彼はシリウスを代表する西洋の魂として生まれている。一つだけジョンソンとアシュターを結びつけている過去生があるとしたら、天照なんです。先生は、実は月読。天照がジョンソン。でも、結局は裏表で一緒の存在なのです。天照は太陽神なので、アポロン。そして先生が海のポセイドン。

ギリシャ神話で、月の女神セレーネと言われているのが瀬織津姫です。現在のエウリーナは、ほとんど透明なんです。彼女は、ほとんど何も隠し事がない人です。聞かれたら何でも喋るし、特に隠すこともないという感じで。いつもあっけらかんとした魂。

ジョンソンのほうが、より月の要素である影をたくさん持っている人です。

そういう反転はありますが、本来は、彼が太陽で彼女が月。三つ巴というふうに言いたいのですが、本当はそうではない。

そしてシリウスのA星、B星というのはご存知だと思います。この星はもうすでにないんですね。オリオン大戦でプレアデスから攻撃を受けたことにより、爆破されてしまった。何億年などという言葉で表すことができない、気が遠くなるほど昔に起こったことです。

だからこそ、今こうしてプレアデスとシリウスが手を組み、地球上で最後の和平を結ぼうということをやっています。プレアデスがシリウスを攻撃してきて、シリウスの星を破壊したんです。僕ははっきりとそう言います。

そのときに、プレアデスの人たちがごめんと言ってシリウスの人たちを彼らの星に迎え入れてくれたので、散り散りならずにすんだ。それで、我々は少し習合してしまったんです。

イエスは白系ユダヤ人だった

アシュター：お二人とも岡山のご出身ですね。岡山にユダヤ人がいましたでしょう。昔ね。赤ら顔をしたユダヤ人です。ユダヤ人には白人系のユダヤ人と……。

保江：白人系はアシュケナージですね。

アシュター：アシュケナージの人たちと、中東らしい正統系の顔をした人たちがいまして。岡山にいたのは、アシュケナージの白人系のユダヤ人です。だから赤ら顔なんです。なぜ中国地方に神々との繋がりが強い土地があるかというと、出雲や山陰地方ですが、大昔に空飛ぶ円盤が到着した場所だからなんです。

岡山では、UFOを見たりしますか。

保江：よく見ます。

アシュター：それも意味があることなのです。ＵＦＯは、見させるために飛んでいる場合もあります。わざと、見てもらいたい人がいる場所に飛ばしたりということもやっています。

アシュケナージのユダヤの人たちが、どうして岡山に行くのかというお話なんですが、天狗として知られている人たちと全く違うルーツです。山伏となった人々ではなく、明らかに中近東から来た農耕の民がそこにいる。

その白人のユダヤ人が、なぜそんなに重要なのというふうに思いますよね。実は、ユダヤ人というのはもともと白人なんです。分かっていただけるでしょうか。イスラエルに今いる中近東系の浅黒い人たちのほうが、後付けなんです。

保江：なるほど。

アシュター： 後付けで、白人系のいわゆるゲルマンの人たちがドイツとかを通ってあの辺に行っているので。あのあたりはやはり、黒と白の合流点になっており、ゲルマン的な容貌のユダヤ人はたくさんいました。なので、それを腑に落としてください。
過越《すぎこし》のお祭りとかをしていた人たちが白系アシュケナージで、旧約聖書に出てくる世界に、すでに白人のユダヤ人がいたということをここにちゃんと書いておいてください。

保江： これは貴重な情報ですね。

アシュター： キリストが白人に描かれがちで、後世の人たちが、なんでキリストは中近東系なのに白人に？　という議論もありますが、あれは正しいキリスト像です。

レビ族の長としてのマリア

アシュター： イエスは白人で、マリアさんは土着の人でした。アラブ系のマリアとアシュケナージのイエスがつがいになったということです。キリストがなんとか村というところで生まれたといわれていますが。

保江：ベツレヘムの馬小屋といわれていますね。

アシュター：そうですね。過越の祭りをするユダヤ人という印象があります。アシュケナージ・ユダヤと同じくらい古い、もっと土着の民族があの中近東のあたりにはたくさんいました。いわゆる失われた十支族と呼ばれている人々がオリジナルなんです。

ということは、ユダヤ人じゃない。ユダヤではない十支族。マリアさんがいた支族というのが、イエスと親戚関係になれるほどの部族から来ている女性で、当たり前のようにつがいになった。

さて、過越の祭りとさっきから何度も言っていますが、この祭りそのものが、いわゆる犠牲を出すお祭りですよね。羊を屠《ほふ》って犠牲を出すことによって神々を招聘するみたいな概念があるわけですが、これは邪悪なものの一つです。

本当は、神々は犠牲を必要としません。本当の純粋な宇宙存在としての神であれば、全くその犠牲はいらないわけですね。

保江：確かに。

アシュター：なぜその犠牲がいるようになったかというところ、人間の歴史がそこから紡がれるわけです。

よくユダヤ教の世界で言われている失われた十支族のうち、半分ほどはそういうことをやっている種族でした。

しかしながら、半分は全く犠牲なんておかしいという正常なる神をお祀りしていた。マリアさんの一族もそうでした。こんな変な祭りをやるなと言うと、でもこれをやらないと神様が怒るみたいなところで、対立があったわけです。

そこに仲介に入る司祭のレビというのがいまして、そのレビ族の女性がマリア。マリアの祭祀的な技術をエウリーナが持っています。

当時のレビ族では女性が祭祀を司っていたので、女性が族長になる風習がありました。そうなると、入り婿が必要です。イエスはそこに入りました。女を大切にし、男が入り婿で来るというのが伝統的になされていた家系であるわけです。

しかしながら、現在のローマ・カソリックと少し毛色が違う、キリストの弟子といわれている人々の一人が創始したとでもいえそうな原始キリスト教を守るために、イエスのほうを族長にしたわけです。

イエスが男性として力を持ち、ある意味、女性に勝るという認識がきた。どうしてか分からないけれど。教祖を男にしたら、男のほうが力も強いし、なぜ女ばかり崇め奉らなければならないのかという不満分子も周りに出てきて。

そこから、男性優位の社会になり始めたということなんです。本来は、映画『ダ・ヴィンチ・コード』でもありますように、女性性がまずあるわけです。生を育む性としての女性性があるわけですね。

そこに男性性がやってきて種を下ろし、子が生まれるというのが本来の姿なわけです。ですから今、男性が強いというのはなんだろう。

保江：なんだろう。

アシュター：レビの人々は、マリアを特別視するなと言っています。マリアのような女性はたくさんいます。

レビ族に生まれた女性は元来、祭祀を司る遺伝子を持ち、それができる人。いわゆる魔術みたいな能力も使えましたし、ボス役もこなしました。強調したいのは、昔から女性を長にして男性の魂をそこに入れることにより家系を作っていくのが、レビ族のやり方だったということです。

イエスが他の部族からやって来て、マリアちゃんと一緒になったんです。イエスは、今思われているような聖人君子というよりは、マリア様をお守りする男性として選ばれている。マリアが祭祀を行うときに、他の虫が来ないように彼が守っている。つまり契約をするわけです、共にいるということを。他の男性が近づけないよう早いうちに契約をするわけですね。そうすることによって、血族が保たれる。その立場になる男性は、優秀な人が選ばれます。

イエスはある程度、誉れ高き生まれ。イエスの通り名はイザック。本来の名はヤコブ。その男性との血脈を守らんとする組織が、いわゆるマグダラのマリアの血脈を守っているといわれている人々。彼らが向かったのは……。

保江：フランスの地中海寄りの村。

アシュター：実は、別の場所なんです。

保江：テンプル騎士団ではなく？

アシュター：テンプル騎士団に守られて彼女が逃げて行った先がいろいろあるわけですが。最終的に娘が産まれました。フランスは立ち寄ったかもしれないですが、最終的に居住したのはやはり、スコットランドなんです。

保江：やっぱりスコットランドね。

アシュター：『ダ・ヴィンチ・コード』に出てきたスコットランドの村にある、あの教会がまさしくそういう場所なのです。だからこそ、たくさんのすごい量の結界が張られている。オカルトのシンボルをたくさん刻んで分からなくしていたから、みんなが気づかない環境になっていた。

それが今、掘り起こされ、コアな情報が出てきているところですね。フランスで匿《かくま》われていたという情報からフランスの王族に繋がるお話があるんですが、そっちが目くらましの情報です。

その情報で得をするのが、メロヴィング朝王家。イエスとマリアの血脈が王朝に流れているという話を流布して、本当のことを伏せた。最終的にはやはり、『ダ・ヴィンチ・コード』に描かれているように、スコットランドのあの村にあるあの教会が、最終的に家族が隠されていた場所であり、マリアとイエスの子どもであるサラが大きくなったところです。イエスについては、あの人は一緒に逃げなかったんです。別々に逃げたほうがよいということになり、追われる身として結局、中近東を通って日本に。

日本に渡ったイエス、サラのその後

保江：やっぱり日本に来ていたと。

アシュター：青森県八戸のあたりに来ました。若かりしマリアも逃げ切り、スコットランドに落ち着いて、現地の人と結婚して子どももできている。

そして、イエスも道中にいろいろな家に守られながら東へ東へと旅をし、そして日本国に流れ着き、現地の人と結婚している。やはり子どもができまして、そういう人たちの魂が日本国にいるわけです。この血を受け継いでいる人に、けっこう霊性の高い人が多いということをここで伝えておきましょう。

サラさんの血脈がどうなったかというお話をしますと、サラはスコットランドで生まれ育った。つまり、メロヴィング朝が主張しているマリアの血脈を受け継いだ話は嘘。フェイクで繋いだ子孫も、途絶えがちになってしまった。

一方で、スコットランドで育ったサラちゃんの義兄弟たちは、非常に霊性が高くて聖者みたいな人もいるのです。ただし、必ずしもマリアとイエスから生まれた子どもの子孫がよい感じになったわけではないというふうにお話しします。

保江：なるほどね。

3　日本の古代史、岡山の豪族

岡山で見られるUFO・古墳

保江：正確には岡山県内ではないんですが、隣接する兵庫県と広島県に、音が同じ神鍋《かんなべ》と神辺《かんなべ》という土地があるんです。神鍋には、昔からよくUFOが出る。神の鍋というのは、UFOですからね。空を飛んでいれば、神様の鍋に見えるでしょう、特に昔においては。

だから、やっぱりあの辺には、UFOがよく来るのです。今も昔も。

江國：その話で思い出しました。江國家ってたぶん神社を守る家で、吉備津神社に関係していると聞いています。うちの母の家系も、より神道に近くて。岡山の神社で刀剣を鍛えて神様に奉納するイベントがあった際、その母と一緒に行ってきました。

倉敷から車で40分ぐらいかかる、備前国総社宮《びぜんのくにそうじゃぐう》という神社でした。古来の備前長船《おさふね》の製鉄法を継承している刀匠の方が、炎を作ってすごい塊の黒鉄を叩き、その技術を神様に奉納する夜のイベントで、それは迫力がありました。

イベントが始まってしばらくすると、ＵＦＯが見えると母が言い出して。私は空を見て、ああ、何かあれのことかなと、分からないけれど星がそう見えるということかと思っていました。

母はそれからほぼ何も喋らず、イベントを注視しているように見えました。途中、いよいよ刀剣を神に奏上し奉るという場面になった。11月の始めですごく寒かったのですが、それでも母は、もうずっとガン見していました。

するとまた、

「ＵＦＯが見えるでしょう」と言うんです。私は分からないと答えて。そのまま家に帰ってきて改めて母が、

「すごいＵＦＯが見えていたよ」と、自分が見たものを話してくれたんです。

保江：それは面白い。

江國：遠くにキラキラしたものが見えるんじゃなくて、発進しようとしていたらしいんで

す。もう黄色とか赤とか青とか、混ざり合う感じで目の前にはっきりと見えていた。

母が言うには、刀をご奏上となったとき、御社の後ろからＵＦＯがうぉーって感じで上がっていったんですって。本当に見ているから、翌日その神社に電話をして、そういうのを見たという人が他にいませんでしたかと聞いたそうです（笑）。「いません」との答えだったらしいですが。

後日譚もあります。うちの家族は義姉も含めて割とスピリチュアルなんですが、先生のご本を家族みんな読んでいるんですけれど、先日母に、「今度、保江先生と対談するんだよ」と言ったら、保江先生ってあの本を書いている人じょうと言って。どのご本かは覚えていないのですが、ＵＦＯ目撃についての記述があって、母はそれを読んだとき、自分が見たのはこのとおりだったと言っていました。だから、自分が見たことが嘘じゃないということが分かったと言っていました。

保江：すごい。僕のＵＦＯ目撃の話は、東京の龍穴で見たときのことです。あの駐車場で出たのよ。それが、お母さんが見たのと同じだったんだ。

江國：はい。その光がすごい。青とか黄色とかキラキラ光るのが見えたって言っていました。

保江：そうなのよ。お母さんすごいな。失礼でなければおいくつですか？

江國：80歳です。

保江：すごいなぁ。

江國：これを経験した当時は76歳ぐらいで、昔も今も全くボケていないし、普段全くそんなことは喋らない、ごくごく普通の人。

でも彼女はよく、親族が亡くなると何か虫の知らせを受けたり、感じたりする人ですね。実は、母方の伯母も巫女的な人で、少しですが霊視的なこともしていました。母にもたぶん、そういう気質があるのだと思います。

保江：岡山というのはそういう場所で、そういう人も多いですね。

江國：古墳も多いですね。国分寺があるあたりとか。そういうところがやっぱり磁場が強いようです。

保江：備中国分寺。あの辺ね、一番大きい古墳もありますよね。

江國：はい。古墳だらけなんですよね。

保江：家の裏山の家が古墳だったという人がたくさんいます。

江國：うちの裏にも丘みたいな山があり、子どものときによく登っていました。てっぺんに行くとすごく大きい岩があって、そこが祀られているんです。

保江：岩座ですね。

江國：はい。岩座が祀られていて。それは当たり前のように常にそこにあって、学校の遠足とか、家族のピクニックでもたまに行きました。子どもの遊び場みたいになっているんですが。

よくよく見ると小さな祠みたいになっていて、誰かが捧げた御神酒が置いてあったりしました。

保江：やっぱりね。

江國：山が御神体みたいな感じで岩座を祀っているんだと思います。そこは、貝塚でもあったようです。すごい縄文の土地ですよね、備中国分寺は。

保江：縄文の土地だしね。岡山県というのは確かに不思議で、シーラカンスの化石も出るし、もちろん貝の化石も出る。

最も不思議なのが、そういう人類が発生するはるか前の話で、日本列島の中で岡山県だけが、あらゆる鉱物が出るところでした。ウランまで含めて。他の県では何かしら出ないものがあるのに、岡山では全部出ると聞きます。

だから唯一、ウラン鉱山があったでしょう、人形峠に。それで、岡山に宇宙人やユダヤ人が昔から集結していた。

やっぱり、中国山地のあり方とか地形的にも、何かあるんでしょう。いまだにＵＦＯは出続けるし。

大国主＝倭タケル＝桃太郎

アシュター：桃太郎伝説というのがあります。今、そのイメージが来ているからちょっとおろします。桃太郎というのは、あのお方です、大国主命《おおくにぬしのみこと》。倭建命《ヤマトタケルノミコト》といわれているのが、大国主命と同じエネルギーの存在です。

「大和の建」ということは、日本国が最終的にそこに戻っていくことができる場所だということなんです。岡山県にも、大和という地名がありますね。大和は今、奈良あたりを指すといわれていますが、なぜに岡山県に大和という言葉が残っているのでしょうか。

倭建命という意味について、その謎をぜひ皆さんも研究してください。
昔は、日本国の各地に、皇室の分家のような家がありました。その昔、孝霊天皇という人がおりまして、彼が備中備前のあたりに行脚してきた。非常に肥沃な土地だということで、そこを拠点にするということを決めたようです。
桃太郎伝説で言うと、孝霊天皇の婿であるタケルくんというのがいるわけです。その人が、スサノオ伝説のベースとなっています。スサノオ伝説というものは、各地にはあまりないわけですね。ヤマタノオロチを退治し、お姫様を助けるというような冒険談が、中国地方にはたくさん残っている。それは、大和の血がそこにあったからです。

保江：なるほどね。岡山に、牛窓《うしまど》という場所があるでしょう。瀬戸内海に面している。

江國：日本のエーゲ海と言われている所ですね。

保江：オリーブとかを栽培しているんですね。ギリシャあたりと気候が似ているとかで。
その牛窓の海辺の崖っぷちに古い家があって。苗字が大和なのです。そこに娘さんがいて、結婚して別姓になったのですが、もともとは大和だった。

その人は今、岡山市に住んでいるのですが、牛窓の崖っぷちの実家に戻るたびに、昔の、それこそ埴輪時代か、あるいはもうちょっと後の天平時代の格好をした、刀を持った亡者みたいなのが出てくるんだそうです。それが、何かを伝えたそうな素振りなんですって。やはり、大和には何かありそうですね。

江國： 先ほど、先生が牛窓と言われたときにハッとしました。牛ってスサノオでしょう。だから、そのお話かなと思って聞いていたんですけれど。牛頭天王と書くのがスサノオなんです。だから、牛はスサノオの象徴です。

保江： 牛窓の崖っぷちにあるボロ屋に、刀を持って現れるんだからスサノオかな。

江國： そうかもしれないですね。

大和朝廷があった場所

江國： お神楽《かぐら》は観てましたか？

保江： 備中神楽ですね。

江國： はい。私、子どもの頃にお祭りのたびに観ていました。スサノオがヤマタノオロチを退治してお嫁さんをもらうという。スサノオは伊勢と出雲では、ずいぶんと違った顔を持っていますよね。

保江： そうね。備中神楽は、僕は一度ぐらいしか見ていませんが。

牛窓はなんとなくエーゲ海というか地中海の奥、イスラエルなどとも繋がっているような気候風土だから、ユダヤの人たちも定住し、大和朝廷を作ったのでしょう。

江國： それなんですけれど、私はパラパラと情報を持っているんです。これは、アシュターに言ってもらいたい。

アシュター：大和朝廷が、最終的に岡山になったわけではありません。大和朝廷をどこにするか、当時の国で調査していた時期があったんです。

行政の中枢の人たちがいろんなところを調査し、ふさわしい場所を探していた。そのときに、実はサムハラ神社がある北のあたりが注目されました。ちょっとしたお祭りができるような、スペースがあったんです。

保江：はい、ありますね。

アシュター：あそこに集まって、お祭りを本当にしていたんです。奈良とかから来た行政の人たちが、どこに都を作るかということを視察するために、全国行脚みたいなことをしていて、そのときに、この辺いいねと言って滞在をした。そこでお祭りなどもしたということです。

保江：どおりでなかなかの場所ですよね、あそこ。

アシュター：なかなかの場所です。それはお神楽というよりはエンターテインメントで、ただ飲めや歌えやみたいな楽しいことをやっていた場所なのです。

大和に話を戻すと、孝霊天皇にまつわるお話というのはたくさんあります。岡山には、かつて非常に強い吉備族という豪族がありまして、大和朝廷に拮抗していた。

大和朝廷は、奈良の纒向《まきむく》にありました。

吉備国は、その纒向の大和朝廷と拮抗する存在でした。別の言い方をすれば、朝廷からは力のある地方豪族として非常に恐れられていた。パワーがあったから。

天皇家から生まれた、長男ではない人たち、長兄ではないその兄弟たちがいろんな場所に行って、世の中を治める時代でした。岡山とか広島とか、いろんなところに行って治めた。纒向が朝廷でありながらも、吉備族というのは強い強い豪族としての権利を保持していたわけです。

例えば、イギリス王室と同じで、ウィンザー家がたまたま現在の王様であるけれど、スチュワート家であるとか、ヨーロッパ王家のなんとか家という人たちが、実は権利を持っている。いわゆる薔薇戦争などに象徴されるお話です。
そういう状態と同じで、皇室であるが準皇室みたいな部族が全国に散らばっていました。

保江：まさに吉備真備。

アシュター：そうです。吉備族というのがヤマトタケルなんです。ヤマトタケルがいかに優れた豪族だったかということをここで申し上げます。これをもっと観ていくと、日本の古代史に関する新しい情報や、真実の物語がもっともっとたくさん出てきます。
ぜひまた次の機会に聞いてみてください。

保江：本当の歴史、いいね。本当の本当の歴史。

アシュター：いわゆる記紀と呼ばれている文書というのはよく言われることですが、勝者の歴史しか書かれていないので、全く知られていないことが本当にたくさんあるから、ぜひみんなに知ってもらったほうがいいですよ。

ここで一つ、余談も申し上げます。その宇宙人としての存在が地球上に降りてきたときに、すでにアイヌの人々もいたんです。つまり、土地を持っていた人たち。この当時、五色人という人々がいたという話は聞いたことないですか。

保江： 五色人……。

アシュター： 赤、白、青、黄、黒。ゴレンジャーみたいな感じです。そのうち青い要素を持っている人々が、アイヌの人たちなんです。赤はもちろん、天狗の白人どもですね。どちらかというとケルトの血を引く赤毛の人や、昔のドワーフみたいな感じの人たちが赤。白が、いわゆるプレアデスの人たちが好んで使う容姿を持つ北欧周辺の人たち。黄色人種というのはアジアの人々のこと。黒はアフリカ大陸にいた黒人種のことです。

そのお話の延長で、アイヌの人々のことをお話しさせてください。

五色人の中でどうして青がいなくなったのかという話を、今しているわけです。細々と生き残っているのですが、彼らは実は野菜を食べないんです。お魚ですとかタンパク質だけを食べる人種なので、長くは生きられなかったという情報をお出しします。野菜がいかにタンパク源としても優れているかというお話もここで繋がりとしていきます。

つまり、アイヌの人たちは肉食だったたんですね。お蕎麦などもあったので食べていたんですけれども、そんなものよりも肉を食べたいと思う人種なんです。

それで短命となり、絶え絶えになっていき、人数が少なくなった。なぜ肉を好んで食べたかというと、アイヌの人々は熊という存在を神として崇めていまして、熊をありがたくいただく、つまり身体に取り入れることによって、神と同化するという信仰を持っていたからです。こんな話も次回にまたさせてください。

第四部　自由な魂でいこう

1　死後の魂はどうなるか

50日の滞留期間

保江：実は、今もなんですが、先日第一回目のお話を伺ってから、僕自身の頭の中で何かが変わり始めていて。物理的にです。

さっきから、僕は頭をこうやって押さえているでしょう。特にゼレンスキーの話になったときなんか、目もなんだか飛び出てくるような、痛いぐらいの圧力を内部から感じています。何か僕自身がこの骸骨におさまらない……、変質をしかけているような。

アシュター：良い感じだと思います。

保江：良いことですか。

アシュター：もちろんです。心身の調整を取ろうとしているだけですから。しばらくすると収まるでしょう。霊的なもので、肉体の不調ではありません。

今、この地球上で様々な紛争が起こっている中で、一つだけ確かなことがあるとすれば、それは人類が確実に、平和を選んでいるということなんです。平和を選ぶときに、先生の想いというものがより大きく反映されていく世の中になっていきます。

それをお伝えしたいという……、特に、プレアデス系の人たちがお伝えをしているそうです。何をお伝えしているかというと……本当のことと思って聞いてください。これで最後の人生だということです。

保江：なんで分かるの。アシュターだから分かるのか。

アシュター：そうなんです。このエウリーナも、おそらく最後の人生なんですね。終わりの人生において丸く収まる形に、今しようとしているわけです。

保江：なるほど。死後の世界はどんなものなのか、お聞きしたいんですが。

アシュター：それは得意分野です。魂の話をまずします。

魂というのは、エネルギー体としてあるわけですが、例えばここに複数の人間がいます。その魂が、お互いに触れ合っている状態というのはよく聞いたことがあると思います。それは本当です。

ですから、壁を隔てた向こう側に人がいたとしても、微細な生体エネルギーを感じる。しかしながら、これは正確には魂ではなく、人の生体エネルギーですね。

情報を持っているエネルギーが、魂です。それが肉体から抜けた状態になることが、死を迎えるということですね。

そのエネルギーとしての魂は、とりあえず肉体から抜けた後、瞬時にしてどこかに行くのではなく、やはり漂っているわけです。矢作直樹先生がよくご存知だと思うのですが、例えば、自分が死んだことが分からないような、突発的な自動車事故で死んだ魂というのは一瞬にして出されるけれども、出たことが分かります。自分が見えるから。

けれども、死んだという状態に気づかないまま、エネルギーの状態でそこにしばらく滞留しています。それが、「俺って死んだんだ」と気づいた時点で、ひゅっとどこかに行ってしまうんです、通常は。

それができない場合、土地や人にくっついた状態の魂となります。そこに縛り付けられてしまう。

保江：地縛霊みたいな。

アシュター：そうですね。殺された人というものは非常に強い怒りを持っているので、しばらくは、どうやって自分が殺されたのかを訴えたいという情念が残っているのです。だから、誰かの夢に出たりするのです。

人間の魂には、仏教でいう四十九日というものが、非常に重要な分岐点としてあります。ユニバーサルに言えば、50日程度です。50日くらいは確かにあやふやな状態として、それぞれの死に方に準じた状態になっています。これを、滞留といいます。

50日くらいを境にし、浄化されたり浄化されなかったりする魂が出てきます。エネルギー体としての魂がどういうふうになるか。すぐに生まれ変わるか、しばらくエネルギー体のままでいるか。

生まれてすぐに生まれ変わりを希望して、誕生後にすぐに死んでしまう魂もいます。赤ちゃんのうちに。お母さんとの関係性の中で、赤ん坊は生まれて死ぬわけです。赤ん坊はいったん生まれてきてお母さんが喜びとともに迎え、そしてすぐに亡くなって悲しみをもたらす。

でも、本当は生まれてすぐ死ぬというのは結局、「あっ違った」となるときに死んじゃう場合も多いんです。ここに来るべきではなかったと思ったとき、その魂はまたすぐに別の人生に転生をします。

反対に、準備ができているおじいちゃんやおばあちゃんが亡くなるときには、50日間も待つことなく、1週間くらいでスムーズな流れで生まれ変わりのコースにのります。

つまり、成仏するということですが。

全ての魂は、死後50日を目処に、どうするかを決めます。魂は自由なので、生まれ変わるときには速攻生まれ変わります。決断に50日かかる場合もあるでしょう。肉体を出て、50日ぐらいすると、全てが分かります。自分の人生の意味、そして魂の遍歴です。

今生、こういうことをまたやったなとか、ここはクリアできたなという部分を知ります。

宇宙存在との関わりの中で存続したい人たちは、新たなミッションみたいなものを整え、50日間くらいですぐに、関わりのあるお母さんのところに転生します。

もう人間はいやだと思っている魂も意外と多くて、もうちょっと、50日間では無理という魂の場合は、1年、2年後に転生します。

しかし、いずれにせよやり続けなくてはならないミッションを持っているんです、魂というのは。なので、宇宙人が諭して、もう一回やりなさいという感じで送り込むわけです。それはつまり、自分のルーツの宇宙人です。

さて、もう今生で終わりみたいな人もいるのですが、終わりとなったときに、どうなるか聞きたくないですか。

人間の輪廻が終わったらどうなるか

保江：ぜひ聞きたいです。

アシュター：聞きたいですよね。これは、エウリーナにも伝えていないことです。

結論として言うと、自由意志で選べる、ということです。

例えば、人間をもう一回やろうかなと思って降りてくることもできます。ただし、ほとんどの人はやりたくないので人生ゲームを「あがり」ます。

「あがる」とき、魂の情報を保持するか、破棄するかは、本人次第です。

よくあることとして言うんですが、自分はあがる、だけど魂の片割れが一緒にあがらない場合がありまして、その場合はその人にくっついて、いわゆる守護存在になる。

江國：あがった片割れの守護存在は、地上の片割れが他の人と恋愛したりしているのを見て、居心地悪くなったりしないのかな。魂の情報を保持しているとしたら？

アシュター：守護存在になるなら、魂の情報を保持しないことを選ぶだろう。

しかし、魂の情報を保持したまま、それに対処する勇気ある存在もいる。

江國：なるほど。ということは「魂の片割れ」の関係性は、魂の情報を手放して守護できる存在にまでなると、消滅するということ？

アシュター：そのとおり。

江國：それが本当なら、ツイン・ゲームも人間界までってことだね。

アシュター：そういうことになるね。ただし、特別感を互いに持つために、魂の情報を保持したままで「あがった」状態でいることも選択可能だ。全て自由意志なんだよ。
それで、その守護存在でいることも何度かやると、もういいかなという感じになってくる。
そして、僕たちと同じような肉体を持たない状態を長く続けていくと、感情もなくなり、ある意味軽い状態になります。
しかし、これは重要な情報なので入れてほしいのですが、決してエゴを持たない状態になるわけではないんです。意識体としてのミッションが、引き続きある。

保江：感情のない意識存在になる。でもエゴはあると。

アシュター：そういうことです。とにかくエネルギー体になる。エネルギー体としての意識になるが、個性はある。

例えば、僕であればシリウスのエネルギー体なんです。保江先生は、シリウスとプレアデスと両方をお持ちなので、その状態で何をするかを考える意識となるわけです。

つまり、天使のような高密度のエネルギー体になるわけではなく、あくまでも意図を持った存在であるということなんです。その意図をどう使うかは、その存在によっている。

誰も文句を言わないですよ。もう、守護存在もいません。守護したり導いたりする存在もおらず、その状態のまま、自分が何をするかを自分で決めていく状態になります。

江國：それってつまり、「宇宙人」と呼んでいる存在と同じ状態だということですよね。肉体を持たない意識体で、個性がある。ということは、人間が「あがる」と宇宙人になるってこと？　それとも意識存在が宇宙人だということ？

アシュター：まぁ、そういうことだね。

江國：人間が「あがる」と宇宙人になる。

アシュター：人間が「あがる」と宇宙人になる。そうだね。

ただし、そうならない魂もいます。そのことについてはまた別の機会に。

その意識存在の状態で、人間の守護をすることもできます。人間の守護を決めて、人間に平等に何かをやるように伝えたりする、観音のような魂を選ぶエネルギーもあります。そして、ゼレンスキーとかプーチンみたいな存在に、もっと平和を、平和を、みたいなイメージを必死に見せる状態の存在もいます（これは明らかにうまくいっていないようですが）。

あるいは、気づきかけている魂に対してもうちょっと、もうちょっとという応援のエネルギーを送って鼓舞する存在になる魂もいます。その状態から、どこに行くかということをもしお知りになりたいなら、そこまで行ってみるとよいと思います。

保江：それを実は、やりたいと思っています。それで死後の世界について知りたかった。

アシュター：軽くなりすぎないほうが、もう少し楽しめます。

今、地球上で起こっていることを見届けたい人たちがあふれているので、わざと浄化しない状態でいる魂たちが多い。そうじゃないと、この地球上との接点を保てないから。

これは本当のことなんですけれども、赤組白組みたいなのがあるわけです。やはりね。

これは、このエウリーナがいつも指摘してくることにも繋がっています。

彼女はこう言います。お前たち宇宙存在はただ肉体を持っていないだけで、決して洗練されているわけではない、感情も誠意もないペラペラの存在だと。まぁ、これはある程度当たっています。

先ほどの話に戻ると、僕たちは意識レベルだけれども、赤組白組を応援している状態なんです。ということは、それが決着つかなければ皆がどこにも行かないという状態になっている。

次元の話をすると、僕たちは本当は7、8次元にいるはずなんですが、本当にぶっちゃけというレベルで言うと、5、6次元なんです。というのも、7、8次元ぐらいになると本当に赤白はどうでもよくなる。5、6次元にいるからこそ、地球人と一緒にワーワー言ったりできる。

そして本当に浄化された状態になったとき、次元はもうなくなります。つまり、ソースと一緒になっていくわけです。ソースと一緒になるということはいなくなるということなんです。

つまり、エネルギー体として全く個性がなくなるので意図することもできなくなる。混沌の中に戻り、またその混沌から循環させるということになっていく。循環させる中で、対流するという。

保江： 対流する。

アシュター： 対流させる状態になる。その対流というのがどういう状態かというと、今、僕がエウリーナにあるイメージを送りました。それは、プールで泳いでいるイメージです。海でもいい。

ソースが海だとしたら、一応なんかピチピチした感じで泳いでいる状態であるというふうに僕は表現したいと思います。当たらずとも遠からじという表現で。

大きな海のようなソースと共に、何かやっぱり有機的な事がピチピチあるわけです。それが、人間の成れの果てです。

非二元なんかつまらない

アシュター： いわゆる、非二元を説いている人たちもいますでしょう。

保江： ええ。

アシュター： ノンデュアリティ。つまり非二元とは、全体を観ること。自分が全体の中で分離がないと知ることで、孤独などを感じにくい状態であるということです。

という意味では間違いじゃないけれど、個人の否定はよろしくない。個人が力を発揮し、違いの中で学ぶことのほうが断然多いので、僕らは非二元を推奨はしていません。非二元を考えることにより、人間はどこにも行かないわけです。

ただ、最終的にソースに戻ることを考えると、「先走りの精神」だといえましょう。自分が全体であることを知るだけでは、人生楽しくないですよね。人間存在が突然非二元にジャンプしても、何も始まらないわけです。

やはり、同じ阿呆なら踊らにゃ損々と言いますが、踊ってこそ人間ですので。

人生というのはたかだか80年の間、魂を肉体という狭い状態の中に閉じ込め、様々な経験を地球上でするだけ。その瞬時の80年を、この地球上で非二元とか言っていた暁には何も起こらず、僕たちも5、6次元の状態から上に行けませんので、ぜひ非二元はやめてください。

保江：いやそのとおり。僕も、非二元には反対です。僕はごく自然に、昔からだけれども、死んだ後はもうこっちの地球のことはどうでもよくて、ひたすらとことん行けるところまで行ってみたかったのよ。でも、なんとなくそうなることが分かり、ちょっと安心。

アシュター：そういう意味であれば選べます。どうなりたいかを。

例えば、でっかいカルマを作った……、連続殺人事件とかを起こしてしまった魂がいるとすると、その魂はしばらく自分も傷ついているわけです。何か本当に小さくなって、もう辛い辛い状態なわけです。

そういう魂が5年後に再出発したいですっていうふうに言えば、5年後に再出発することになりますので。5年間は魂がちょっと、ふるふるとした繊細な状態で休むということが可能なんです。

でもそのままでは上がれないので、そのフルフルとした状態で5年ぐらいどこかにいる。どこにいるか知りたいでしょう。対流しているという言葉を先ほど使いましたが、やはりソースと共にいることができるので、そんなに心配する必要はないです。

つまり、煉獄とか悪い世界に来るというのはない。ソースと一緒にいることができます。だから、少し考える時間があるという感じですね。

そして、生まれる前に自分が何になりたいかを決めてくるんですね。パイロットになりたい人は絶対にパイロットになります。絵描きになりたい人は、サラリーマンになったとしても、同時に、あるいは引退後に絵描きにもなれますし、とりあえず才能を持って生まれるんです。

子どものときに、例えばシュタイナー教育みたいな学校に行けば、必ずや直行で人生行路を謳歌できるわけです。邪魔が入ることなく、ただ魂を追っていく教育を受けると、自分がこういうことが得意かなということに進んで行ける。

日本みたいに、親がサラリーマンになりなさい、公務員になりなさいという家の場合は大変ですが、その親を選んできたのも自分ですので、それはそうした修行の中にいる。

だから、それも悪い状態ではないということです。

2　スピリチャリストが陥りがちな罠

宇宙存在からの情報の鵜呑みはやめよう

アシュター：スピリチュアル業界の人々が、宇宙からの情報をありがたがって、なんの精査もせずに流用するのはやめてほしいと思っています。宇宙からおりてきたことだから、120パーセント本当だとさえなっている向きもあるわけですが。そんなことは絶対にないわけです。

誰かがチャネリングした一次情報でさえ、エウリーナも言っているように意図を持っている者が発信している状態です。だからこそ、人間のフィルターを通した精査が必要なのです。

ご自身の判断で少しでも「おかしい」と思ったら、その情報を出さないくらいの責任は持ってほしい。これは、エウリーナがいつもやっていることです。

そもそも、僕たちは先ほどもお伝えしたように、オリオン大戦からこちら、争いの終息ゲームをしている状態です。陣営を張り、戦うというゲームを地球上の人間たちと共にやっています。もしかしたら、何かわざと悪いことを起こして勉強させるために、フェイクの情報をおろしている場合もあるかもしれません。

特に、これは言ってもいいと思うんですが、オリオン大戦で悪役を演じたリラの人たち。リラの種族というのは、嘘の達人なんです。自分たちの星が良くなるための情報を、とにかく人間におろしているわけです。なので、例えばシリウスとリラはもともと仲がいいとか、平気で言います。今はそうですが、昔は非常に仲が悪かったわけです。

保江：宇宙種族も、まだ渦中ということですか。

アシュター：全くそのとおりです。正確には、地球を舞台に終息ゲームをしている。

一つだけ、例を申し上げます。過去に自分が何々星におり、どのような並行宇宙に生き、どういった魂のルーツを持って生まれたかの記憶を魂が温存していますというような人がいますでしょう。その「記憶」を元に、情報を発信している。

「その記憶って本当ですか」と、僕なんかは思うわけです。リラの存在は、そういう手を使うんです。人間の魂を地球上におろす際、フェイクの情報を植え付ける。だから、人間として生まれたときにその情報を保ったまま生まれ、過去生の記憶を保持しているとなる。

でも、その情報は、フェイクなんです。ある程度成長して宇宙存在からコンタクトが来るようになり、自分自身の記憶と照らし合わせて、やはり自分の記憶は本当だとなる。すると誰もが、「おお、そうなのですね」というふうに受け取るわけです。第一ソースなので、誰も嘘だと言えないわけですね。自分が覚えているといったものに対して。だけど、「じゃあ、その覚えているものは本当ですか」って僕は言います。

これがリラのやり方で、その地球人に自分たちが言わせたいこと、つまり自分たちに有利になるような情報をどんどん言わせる。もっとも、その地球人自身は純粋な魂であり、人間として全く悪い人ではない。だから、非常にかわいそうな状態です。フェイクの情報に踊らされ、フェイクの情報を発信しているわけだから。

保江： それは問題だね。

アシュター：保江先生の場合は、いろいろな人がやってきては、あなたに書いてもらいたい情報をたくさん渡していますね。それが本当だったり、そうでなかったりするわけです。
先生は直感がすごく鋭いから、ぜひそこはご自分で精査し、何か違うと思われたら保留しておくのが一番です。特に反対したり、その人と喧嘩したりする必要もない。
情報が来たときに保留をしておき、後から来た情報と照らし合わせてなんかちょっと合わないとか思ったらそれは出さないとか。そう心がけたほうが、混乱を防ぐことに繋がります。

保江：なるほどね。面白い。
実は、思い当たる節がたくさんあります。直感でお断りした本のお話などが、数件ありました。

アシュター：直感は大切です。

保江：直感がね。今のお話を聞いて、ますます自信がつきました。

アシュター：それから、科学的なお仕事につかれている方が、スピリチュアルに寄りすぎる場合もあります。これは、保江先生のことではありません。

先生はすでに確立されたメソッドをお持ちで、今後もきっとうまく対処されるでしょう。宇宙存在としては、科学とスピリチャリズムの融合は急務だと思っています。両者はある意味、同じことを証明できる。別々の道で、山頂を目指しているわけですよね。そこを忘れないでいただきたいと思う方もいます。

ヒーリング・セッションのあり方

保江：やり方はいろいろあるわけね。

アシュター：そうです。スピリチャリズムは突き詰めると、個性の謳歌です。それぞれ個性があり、生き方も違うし、トラウマの種類も異なり、そこから高みへ行く方法も百人百様です。十把一絡げに対処しようとしたり、あるいは宇宙的な暦に頼りすぎたり。ライオン・ゲートなんちゃらが開くことと、自分の人生の転換期がきっかり合致する人なんて、ほんの一握りというか、逆に、それに合わせる必要性があるでしょうか？ましてや、何かを急がせたりすることが必要でしょうか？

これは、実は僕よりもエウリーナのほうが強く思っていることなので、彼女に言ってもらってもいいのですが、ここは僕が代弁しましょうね。僕も賛成なので。

江國：お願いしますね。

アシュター：魂の青写真というのがありますでしょう。生まれる前に、自分で計画してきた人生計画のことです。それから離れすぎると人生辛くなり、うまくいかなくなったりいろいろな試練が降りかかります。

人生がうまくいかない、苦しいとなったとき、人は鬱になったり喘息になったり、摂食障害になったり癌になったりします。

そして人は、なんとか良くなろうとスピリチュアルなことに興味を持ち始める。

ヒーラーがそれをサポートするとき、いろいろなやり方があります。大まかに分けて、外科的なやり方と、内面的な治療がある。前者は、非常にプレアデス的です。エネルギーを触ったり、動かしたりすることで、その患者さんの気分が良くなることを手伝ってあげて、はい、おしまいとなる場合が多い。

感情を持つことが決して悪いわけではないのに、負の感情を無闇やたらに手放させようとする。こういったやり方を、僕たちシリウスは推奨しません。エウリーナとは、このことをよく話し合います。

例えば、鬱になったり癌になったりすると、西洋医学では、じゃあ抗うつ剤を出しましょう、抗がん剤を出しましょう、あるいは癌を手っ取り早く切り取りましょうとなる。ある意味、エネルギーの外科手術は、これに似ているんです。つまり、ヒーラーが「悪い場所」を特定し、患者のエネルギー調整をすることで、一種の良薬を与えるわけです。でも、これでは根本解決にはならないと僕らは見ています（もちろん、例外はあるでしょうが）。

シリウスでは、最も原始的なやり方を推奨しています。いかなる症状も自分自身がクリエイトしているものであるからして、まず、ヒーラーと患者が協働してそれがなぜ起きたかを探る。そして、自分で気づくことによって根本の解決を図る。

一番良い例で言うと、女性特有の乳がん。これはもう確実に、女性性の否定から来ているわけです。なので、乳がんになった時点で、異性関係とか恋愛にまつわる感情的な問題や葛藤の洗い出しが必要となってきます。例えば、自分が女性ではないみたいに振る舞ったり、女性だけれども男性性が強いですとか、いろいろありますでしょう？

そのほか、子宮に関わる問題は、対人関係から来ていることが多い。

そういうのをやめないといけないんです。

保江： 分かります。

アシュター： シリウスだと、そこをガチでやるんです。ガチで自分の思いぐせや行動を変えるお手伝いをする。離婚するとか、誰かしらに謝ることなどでその関係性をスパッと綺麗にするとか、とにかく実行して、根幹から治していくのがシリウスのやり方です。

お分かりのように、生体エネルギーを見て、ここに黒いのが見えるからこれを取りましょうとか、体に触って感じる部分にヒーリングパワーを送るとか、それを元にアドバイスを差し上げるなどは、もちろんいいことです。患者さん本人はそのほうが楽なので、そういう方法に頼りがちになるのも分かります。

ただし、それでは他人に力を与えることになってしまいます。自分の心や身体を治療できるのは本来自分だけで、カリスマ治療師にしてもらうことではない。悪い部分を人に治してもらうよりも、治療のお手伝いをできる人はサポーターにとどめて、自分で取り組むことが大切なのです。

だから、もちろん外科的なやり方と、シリウスのやり方を組み合わせるのもいいでしょう。そのほうが早く治癒に導かれるかもしれません。

でも、外科的なやり方を取り入れちゃうと、どちらの方法で良くなったのかが分かりづらくなり、結局、カリスマ治療師を崇めたり、自分ではなく他者に対して感謝をしすぎたりしてしまうといった現象も実は問題です。

本当は、自分の力で治せると信じ、思いぐせや生活スタイルを直し、身近な人との関係性を整えていくほうが、よほどパワフルな治癒経験ができるはずだからです。そのほうが、霊的なカルマからの脱出も早いでしょう。

人間が、魂、心、肉体という三位一体としてあるので、それを整えていく。そういう意味では、シリウス的な原始的な手法が一番強く作用します。黒いものを取ってもいいんですよ。でも黒いものを取って、自分が変わらなければまた黒くなるんです。それは、癌ができて切除しても、また癌ができるのと同じことなのです。

保江：納得です。

アシュター：精神的なところで言うと、例えば嫌な人がいる。嫌だなと思っている感情がある。それは本当は、自分に問題があるんです。はっきり言いますが。どんなに乱暴で嫌な人でも、僕は気にしませんというふうにすれば別に気にならない。殴りかかってくるなどの実害がなければ、特に問題がないわけです。本当に殴ってくる人に対しての対処法はまた別ですが。

言葉の暴力もあります。しかし、自分に関連付けがない限り（つまり自分に葛藤のボタンがない限り）、気にならないはずなんです。

ということは、原理的には自分が良い状態であれば、対峙する相手もそれにふさわしい状態になるということです。

例えば、Aさんにとってとても嫌な人でも、Bさんにとっては、いい人でありうる。自分がいい状態で、相手との信頼を築くことにより、世間で嫌われている人とでも、全く問題なくいい関係を築くことができるわけです。

最終的には、一人ひとり、自分の周りにいる人たちと良い関係を築くことで、良いコミュニティーになる。そして、風通しの良い社会になる。ひいては、地球も生きやすく、戦争のない世界になる。というわけですね。

80億の元気になる方法がある

アシュタール：こういったことを、スピリチュアル業界でやらなければならない。つまり、自分が変わるというのはそういう意味です。

プレアデスのやり方でよくあるのが（他の星の人たちもよくやるんですけれども）、生年月日とかマヤ暦という、運命論的なところで、表面をこう、サラッと触るようなやり方で軽い調整を行う。自分を知るにはいいでしょうが、ほとんど治癒とはほど遠い行いです。

今日、何時何分、満月になりましてこのときに地球のエネルギーが非常に高いからあなたはこれをしなさいとか、このときにお財布を振ってみたらお金が入るでしょうとか。そういうお遊びとして、そのスピリチュアルな第三者的なエネルギーが自分に対してどういう作用するかということを見るには非常に害のないやり方で、気分がよくなったりすることはあるかもしれませんが、本当を言うと、自分が現実問題として抱えていることに、直には作用しません。

お父さんとの関係とかお母さんとの関係、妻や子どもたち、別れた伴侶との関係を少しでも良くするために、本来は何をすべきか。実際に、言葉や態度で感謝を伝えるとか、今日は早く帰ろうとか、褒めてあげようとか、そういう意識を持つことのほうが、よほど現実を変えることができる。

満月の日にお祈りをしたりするよりも、とにかく相手にリスペクトを与える。子どもであろうが、世間から鼻つまみ者として扱われている人であろうが、どんな人たちに対しても、自分が変わらない態度でリスペクトを伝える。

自分の魂と同じように対応することによって、全てが丸くなっていくのです。たった一つのやり方が、正しいということもありません。

保江：自分のやり方が正しいからと人に押し付けたり、教祖みたいになる必要はないということですね。

アシュター：そう、そのとおりです。セッションにおいてあるべき形は、本当は対面セッション。一対一で、その人の内面にアクセスし、ふさわしい方法で癒しをもたらす。例えば、大きな会場で千人をシフトアップさせるというのが自分のミッションだと思っているとしたら、それは全然違う。

もちろん、アイドルになることが目的だったり、エンターテインメントが主目的であるなら、それは目的を達しているといえますが。しかし、世界人口が80億だとすれば、80億のカルマと80億の元気になる方法と80億のシフトアップの仕方がある。と考えると、別のやり方のほうがいいでしょう。

ということだよね、エウリーナ？

誰もがただ幸せになりたいだけ

江國：そうね。人の数だけやり方が違うと思っています。どうすれば世界を良くすることができるか。私がいつも感じていることをシェアさせてください。

まず、自分に嘘をつかない。これが鉄則です。そして、相手を自分と同じように扱う。自分がされて嫌なことは、相手にもしないということです。

身近な人に優しくても、知らない人にとても厳しかったり冷たかったりする人がいますが、それは「知らない」ことに根ざした行為だと思います。その人を知れば知るほど理解が深まり、情が通うようになる。

でも本来は、「知らない」状態でも同じことができます。その他人が自分の家族だと思えば、より優しい気持ちになれる。知らない人も自分と同じく、ただ幸せになりたいだけです。そこは人類に共通していることで、それが本当の意味で腑に落ちると、世界の見え方も変わってくると思います。

赤の他人に優しくしすぎると、「この人なんだろう」と疑いを持たれたりすることもあります。例えば、下心があるのではと警戒されたり、ベタベタする人が嫌いという人もいるでしょう。

けれども、それは自分には関係ないことです。要は自分がどうしたいかで、相手がどう感じるかの責任は自分にはない。自分がただ、良いと思うことをし、その判断は相手に委ねる。その繰り返しで、関係性は劇的に変化すると思います。

ある意味、とても勇気がいることです。なぜなら相手におもねらず、自分の考えを貫き通すことだからです。でも、それができるときっと、周囲が変わってきます。相手を思いやるとは、相手の態度を恐れてビクビクすることとは違います。

愛とは、自分自身でいることだと思います。自分自身でいるとは、自分の感情に嘘をつかないこと。自分に誠実であることは、相手に対しても誠実であることです。

でも誠意とは、ポジティブな愛であるとは限りません。必要な人間関係を引き寄せるためには、愛だけでなく怒りのエネルギーもときに必要で、場合によっては無関心でいることも必要なことかもしれない。

大切なのは自分に嘘をつかないこと、自分がしてほしくないことを、人にしないこと。自分自身でいることです。

アシュター：君のやり方をいつも見ている。とても効果的だよね。魂を平等に扱うという意味では、いつも徹底しようとしているように見えるよ。

江國：存在の平等は、宇宙存在も人間も同じだと思っています。人間を使って地球に影響を与えようと躍起になっているのは、何もリラの存在だけじゃないよね。シリウスだって、プレアデスだって、同じようなことをしています。

個人的には、天使を使ったやり方とか、全てを愛に収斂させようとするやり方などはいただけないと思っています。なぜなら、愛にヒエラルキーはないから。

宇宙存在は、愛とか統合とかのキーワードを持ち出して、何か至高のものがあると錯覚させようとしている。無条件の愛みたいなものを至高のものと位置づけることで、そこに至らないとダメとか、それに近いからスゴいとか、そういう幻想を植え付けようとしている。でもそれは違う。

例えば、瀬織津姫のエネルギーを至高のものと位置づけることにより、ヒーラーの女性たちにエゴの洗礼を受けさせようとしているよね。無条件の愛みたいな幻想を突きつけることにより、魂をテストしようとしている。

でも、人間の魂はとても自由で個性を持つ権利があり、全てが平等です。個性を尊重することが大切で、もしかすると、愛を持たない個性もあるかもしれない。

愛にヒエラルキーはないんです。だから、無条件の愛というものがもしあったとしても、それは一つの個性にすぎない。愛に大きい小さいはないし、ましてや順位付けはない。

どのような状態の魂も、自分自身でいること、自分にも相手にも誠実であることが、愛なのです。

それが分かると、もっと人生が楽になると思います。

アシュター：「自分自身でいる」という点を引き取ると、シリウスでは感情を非常に重視しています。感情はとても個人的な部分で、多くの魂の情報を保持しています。

例えば、ハートチャクラが告げることに耳を傾けると、より魂の青写真に沿った生き方ができるはずです。訳もなく悲しくなったり、幸せな気分になったりするとき、無視せずしっかりその感情に向き合うことで、自分自身の魂のルーツを知ることに繋がるでしょう。

別の言い方をすると、外科的に感情を手放してしまうと、ちょっともったいない。せっかく保持している感情は、あなたの鬱屈の原因を語り真実の解放に導くだろうし、愛の対象が誰かを告げてくれるはずだから。

感情の保持能力が高い人もいます。シリウスの人たちはそれが得意です。ただし、これは他の星のルーツを持つ人には、あまり関係ないことかもしれませんね。感情をいらぬものと考える種族もいるはずなので。

保江：なるほど、今の江國さんとアシュターのやり取りを聞いていて、思い出したことがあります。

それは、もう30年以上前のことになりますが、算命学という古くから皇室や王室で用いられていた占術をマスターしていた能力者の女性から、

「あなたの価値判断の基準は『好き嫌い』だけですね」と指摘されたことがありました。

確かに、自分でもそれは大当たりだと納得できました。つまり、僕はいかなることに対しても、「嫌い」なことは絶対にしないし「好き」なことだけを追求していきます。

これは、対人関係についても同じで、「嫌い」な人は完全に排除し、親しくお付き合いできる人は全員が「好き」な方々だけなのです。

行動規範が「好き嫌い」にあるということは、確かに「感情」が自分の言動を左右させているということになり、僕の魂の中にシリウス的な部分が残っているということなのでしょうね。

アンドロメダ星雲からこの天の川銀河に流されてきて、シリウス星系で生きてきたという事実が、この地球上でこうして生きているときにまで自分の価値判断基準にも強く反映されているのかと、今、大いに納得できました。

まさに、魂のルーツを自分の内面に見出せた気がします。

その意味でも、アシュターと江國さんのお二人には、心よりの感謝をお伝えしたいと思います。

ありがとうございました。

アシュター：おっしゃるとおりですね。「好き嫌い」の感覚を保持し、辿っていくことでご自身にふさわしいものを受け取ることになるでしょう。

ぜひ、ご自身の感情に誇りを持って進んでください。

あなたのような優れた魂の一端を観させていただくことができて、光栄でした。

ありがとう。

江國：ここ数年考えていたことを皆さんとシェアできて、本当によかったです。

こんな機会を与えてくださった保江先生に、心から感謝申し上げます。

本当にありがとうございました！

「宇宙もインクルーシブ!」～あとがきに代えて～

ある英国人男性とロンドンで出会い、彼のパラレルセルフだと名乗る宇宙存在が私の身体の中にウォークインしてきたのは、２０１５年夏でした。それから丸８年。まさに保江邦夫先生が「長い前書き」で書かれているように、魂の「三つ巴」とも言えるご縁で、先生との対談という形でこの間に私が経験した摩訶不思議なことを多くの皆さんとシェアできることを、本当に嬉しく思っています。

保江先生は長らく私の母校であるノートルダム清心女子大学で教鞭を執られていたこともあり、在学中、その海神ポセイドンを思わせる頭髪を振り乱しながら歩いておられる姿をたまに構内でお見かけしていました。もう30年も前のことです。

ノートルダム清心女子大学はカソリック系の大学で、校舎の歴史ある部分はとても趣のある洋館の造り。ベージュ色のチノパンにオフホワイトのシャツ姿の先生が、修道女の名前が付けられたジュリー・ホールでエレベーターを待っている姿が一番記憶に残っています。今思うと、自分とは全く関係のない学部の教授の姿を今も鮮明に覚えていること自体、とても不思議なことです。その頃から、すでにご縁が始まっていたのかもしれません。

その保江先生が突然、スピリチュアル業界に颯爽と登場されたことは、最初のご著書がロンドンの日本人コミュニティーで話題になったことで知りました。大学時代にお見かけしたあの先生と、書影などでお見かけする男性の姿が一致したときはあっと驚きました。「ええっ、あの先生がこの先生……!?」それ以降、複数のご著書を楽しみに拝読することとなったのです。

そんなロンドン暮らしの私が保江先生にお会いしなければと思ったのは、先生が「宇宙存在アシュター」の地球上における反映であるということをご著書などで知り、私にウォークインしているアシュターと名乗る宇宙存在も「そのとおりだから一度会ってみるがよい」と言ったから。それがかなったのがパンデミック直前、２０１９年秋のことでした。突然岡山の合気道道場にお邪魔したのです。先生は親切にもお稽古が終わった後にとても丁寧に対応してくださり、感激したのを覚えています。その後の展開は、この対談で書かれてあるとおり。

……

ウォークインしてきた宇宙存在は（憑依というよりも常駐してます笑）、私の意識の中に入り込み、最初は私のツインレイだと教えられた英国人男性が私のハートチャクラに入っているという物語を作り上げ、ありもしない葛藤の種を植え付けました。その物語が終わると、自分の正体を猿田彦だと明かし、サナトクマラという闇のエネルギーを司る者であり、エジプト時代はトートと呼ばれる存在であり、そして、それらのエネルギーを統括するシリウスの宇宙連合司令官アシュターであると名乗るようになりました。

この存在、全くおちゃらけたキャラで、人を笑わせることにかけては天下一品。情報通でチャーミングで話術に長け、人を信じさせる力がある。地球上ならばすぐにでもその話術だけで独裁者になれるような……。宇宙人って、こうやって人を操っているんだなと、最近なんかは思います（私の身体を使って情報をおろす際に「ダミ声」になるかどうかはご想像にお任せします。笑）。

この存在がやってきた頃、私はアシュターという存在についてほとんど知識がなく、宇宙連合などについても興味もなく、ましてやサイキック・リーディングなどとは程遠い生活をしていました。私が宇宙人やスピリチュアル的なものに興味を持っていたのはもう20年も前のことで、宇宙存在は聖人君主ではなく恣意的な存在だと結論付けて以降、全く関心を失っていたのです。そのことは対談の中でもお話ししました。

ただ２０１７年頃から、このアシュターと名乗る存在による導きで魂の情報やアカシック情報を読めるようになると、自然な流れでサイキック・リーディングやヒーリングをさせていただくようになり、皆さんが魂の計画に戻っていけるようサポートさせていただくようになりました。手応えもあり、フィードバックも良いことで、今も続けさせていただいています。このセッションの鍵は、アシュターがアカシックにアクセスして読み取る情報を、エウリーナである私が人間として媒介し、咀嚼《そしゃく》してお伝えすることだと思っています。でないと魂も感情もなく軽々しいアシュターは、社会存在としての人間の本質を見誤ることが多々あるので……。彼が観ているのは、往々にして「魂」だけなのです。

ウォークインの性質上、彼が私の口を使って勝手に喋りまくるので、セッション後によく「疲れるでしょう？」と言ってくださる方もいるのですが、実は全く（笑）。セッションはほぼアシュターの独壇場であり、私自身は意識レベルを共有しつつ身体を貸している感じです。ただし、本当にお伝えすべきこと以外もベラベラと喋りたがる傾向にあるので、そこは人間的な感性で制止することもあります（意識レベルで「もっと考えて表現を選べ」と伝えると、ちゃんと応えてくれるのです）。そういう意味でセッションは、まさにアシュターとエウリーナの共同作業であり、人間的な感性が必要とされるものだと思っています。

ヒーラー名の「エウリーナ」は、私のレムリア時代の名前ということで、アシュターが教えてくれたものです。ギリシャ神話とも繋がるエネルギーを持つレムリアなので、日本的な名前ではないそうです。私がサナトクマラの本拠地である鞍馬山・貴船神社にお参りした際は「玉桂（たまかつら）」という神名をもらい、ヒーラー名としてもこちらを使うよう指導されたこともありましたが、エウリーナのほうが可愛くて気に入っているので、今もそちらを使っています。ちなみに玉桂は「月」の異名です。

・・・・・

この8年の間、宇宙存在と四六時中一緒にいることで、反対に人間の尊さを噛みしめることになりました。人には感情があり、思いがあり、真剣さがあり、誠意があります。でも、宇宙人はそう言った「重い」ものは持ち合わせていません。感情も、魂も持っていない代わりにとても軽く、純粋な意識存在として意図を発します。それが宇宙人です。愛も恐れも、意図を実現するためのツールとして使います。魂がなく、感情がないから。

それに比べて人間はたくさんの感情を持っています。感情をいらないもの、あるいは感情の起伏が少ない状態が良いと考えている人がいるとしたら、それはちょっと違うのかなと思っています。私の理解では、感情は人の持つ最も崇高で、重要なエレメントです。あらゆる感情が、尊いものであり、情報の宝庫です。悲しみや恐れ、怒りなども大切な個人の感情です。なぜ悲しいのか、なぜ恐れを持つのか。その理由を探ることで、前に進んでいくための重要な鍵が見つかるはずだから。愛も恐れも同じ感情だという意味では、軽重をつけるべきではない。愛にヒエラルキーはない。ましてや存在としてのあり方に、ヒエラルキーはありません。アシュターがウォークインしてくる以前も私はリベラルな思想の持ち主だったのでそう思っていましたが、この8年で、そのことをさらに深いレベルで確信したわけです。

宇宙存在があらゆる形で人にコンタクトを取ってくる時代になりましたが、アシュターや宇宙連合を名乗る存在の言うことを鵜呑みにせず、まず自分の感覚に照らし合わせて情報を判断することをお勧めします。地球人は感情的だからダメで、宇宙存在は感情がなく理性的だから偉いのでしょうか？　私にしてみれば魂と感情を失った宇宙存在は「高次」というよりも何やら「薄っぺら」な存在に感じます。

地球上では世界的に「インクルーシブ」（誰もが社会的な平等を享受すべきという基本概念）が叫ばれるなか、人間が「低次」で宇宙存在は「高次」とか言っていること自体、おかしいですよね。たとえそれが、次元のレベルを表している言葉だとしても。私なら人間がいる次元の数を増やし、宇宙存在がいる世界の数を減らしますね。そうしたら人間が高次元で、宇宙存在が低次元になる。こんなふうに世の中、その人の見方次第です。概念のあり方をパラダイム・シフトするときが来ているのです。

「上や下がない」ということを対談でお話しした際、保江先生がしきりに頷かれ、「僕も本当にそう思います」と言われたとき、やはり先生も分かっていらっしゃるのだと気づきました。「スピリチュアル」というカテゴリーで最終的に行き着くのは、まさにそこだからです。人間も宇宙存在も、全く同じ地平に立っています。誰もがユニークで個性的な存在であり、宇宙を形作る一つのピースです。だからこそ互いにリスペクトし合い、相手を自己と同等に捉え、誠実に向き合っていくしかない。

もし「上」があるような気がしていたら、その概念をまず手放してみてください。そして、ご自身の力を信じてみられるとよいと思います。コマンドはどのレベルの存在も自由に発信でき、そして平等に実現できるのですから。そうだよね、アシュター？

アシュター：「エウリーナ、君がいつも感じていること、それはとても正しい。僕は宇宙存在で高次と呼ばれる次元にいる。その薄っぺらなエネルギーを使ってこの8年君の身体に入り込み、社会存在としての人間のことをあまり考慮せず無茶苦茶なコマンドを発してきた。そのおかげでかなり自分の立ち位置が分かり、人間の思索、またその先にある感情などについて事細かに記録を取らせてもらったよ。

これまでも君に正直に伝えてきたように、僕たち宇宙存在には肉体どころか、魂も感情もないエネルギー体だ（ただしエネルギー体でない宇宙存在もいるので探してみるといい）。感情ある話し方をすると人間とうまくコンタクトが取れるので、感情をツールとしていつも使わせてもらっている。でも実際はね、感情はないんだ。このことを人類はよく考えてみてほしい。バシャールが感情豊かに表現しているように見えるかもしれないが、人間への訴えかけのメソッドであり、ツールなんだ。例えば天使的な振る舞いをする宇宙存在がいれば、それは人間の信頼を勝ち得るためにやっている場合がある。それも知っておくといいよ。宇宙存在も人間と同じ、恣意的な意図を持って行動すると考えれば、人類全体の自己価値の向上にも繋がるのではないだろうか。

君に指摘されるまで、僕たちが知り得なかったこともあった。例えば宇宙存在は純粋な意識体としてコマンドを発する存在だが、行き過ぎると人が持つエゴと同じ効果を発揮するようになるってことだ。また、感情がないということは、『相手を傷つけるのではないか』という人間的な思いやりもないということでもある。つまり、いかなる行為にも〈躊躇がない〉ということなんだ。感情が伴わないからね。君がいつも指摘しているように、人間は肉体という制限があるからこそ、互いに誠実さを持って認め合い、リスペクトし合うことができる。そして、誠意のある愛を含めた感情の交流ができる。しかし宇宙存在は感情がないために、全てのエネルギーをツールとして使う。言っている意味は分かるよね？　宇宙存在と人間は、根本的に違うレベルの行動規範を持つ存在同士なんだ。そこには性質の違いがあるのみで、君が言うように上も下もない。はっきりとここに明記させてもらおう」

アシュター、ありがとう。本当のことを言ってくれて。

人類の皆さん、これが真実です。だからどうか、ご自身の個性、人としての真正さ、素晴らしさ、感情、肉体、思い、全てを抱きしめ、謳歌してください。地球上だけでなく、宇宙でも全ての存在が等しく、インクルーシブです。ロンドンという人権先進都市に住む私には、そのことが痛いほどよく分かります。

世界はご自身の反映です。自分の見ている世界を、もっと楽しく、愛に満ちあふれ、多様性の認められるより自由な世界にしていきたいと思うなら、自分の考え方や見方をより楽しく、愛に満ちあふれ、寛容なものにしていってみてください。もちろん社会的な知恵を持つことも大切です。しかしそのことが、人間の本質的な自律性や賢さの妨げになってはいけないと思うのです。

最後になりましたが、対談のチャンスをくださった保江邦夫先生、そして明窓出版の麻生真澄さんに、心からお礼を申し上げます！

ビバ人間！

２０２３年６月

ロンドンにて
江國まゆ

左、江國まゆ氏、右、保江邦夫氏

保江邦夫 Kunio Yasue

岡山県生まれ。理学博士。専門は理論物理学・量子力学・脳科学。ノートルダム清心女子大学名誉教授。湯川秀樹博士による素領域理論の継承者であり、量子脳理論の治部・保江アプローチ（英:Quantum Brain Dynamics）の開拓者。少林寺拳法武道専門学校元講師。冠光寺眞法・冠光寺流柔術創師・主宰。大東流合気武術宗範佐川幸義先生直門。特徴的な文体を持ち、80冊以上の著書を上梓。

著書に『祈りが護る國　日の本の防人がアラヒトガミを助く』『祈りが護る國　アラヒトガミの願いはひとつ』、『祈りが護る國　アラヒトガミの霊力をふたたび』、『人生がまるっと上手くいく英雄の法則』、『浅川嘉富・保江邦夫 令和弐年天命会談 金龍様最後の御神託と宇宙艦隊司令官アシュターの緊急指令』（浅川嘉富氏との共著）、『薬もサプリも、もう要らない！　最強免疫力の愛情ホルモン「オキシトシン」は自分で増やせる!!』（高橋 徳氏との共著）、『胎内記憶と量子脳理論でわかった！『光のベール』をまとった天才児をつくる たった一つの美習慣』（池川 明氏との共著）、『完訳 カタカムナ』（天野成美著・保江邦夫監修）、『マジカルヒプノティスト スプーンはなぜ曲がるのか？』（Birdie氏との共著）、『宇宙を味方につける こころの神秘と量子のちから』（はせくらみゆき氏との共著）、『ここまでわかった催眠の世界』（萩原優氏との共著）、『神さまにゾッコン愛される　夢中人の教え』（山崎拓巳氏との共著）、『歓びの今を生きる 医学、物理学、霊学から観た 魂の来しかた行くすえ』（矢作直樹氏、はせくらみゆき氏との共著）、『人間と「空間」をつなぐ透明ないのち　人生を自在にあやつれる唯心論物理学入門』、『こんなにもあった！　医師が本音で探したがん治療　末期がんから生還した物理学者に聞くサバイバルの秘訣』（小林正学氏との共著）『令和のエイリアン　公共電波に載せられないUFO・宇宙人ディスクロージャー』（高野誠鮮氏との共著）、『業捨は空海の癒やし　法力による奇跡の治癒』（神原徹成氏との共著）『極上の人生を生き抜くには』（矢追純一氏との共著）、『愛と歓喜の数式「量子モナド理論」は完全調和への道』（はせくらみゆき氏との共著）（すべて明窓出版）など、多数。

江國まゆ Mayu Ekuni

岡山県生まれ。イギリス・ロンドンを拠点に活動するライター、編集者、ヒーラー。ノートルダム清心女子大学文学部国語国文学科（現日本語日本文学科）卒業。
沖積舎、メタローグ、NHK番組情報誌「ステラ」編集部を経て、1998年渡英。英系制作会社に就職し、各種媒体の翻訳ローカライズや日本語コピーライティングを担当。
2009年からフリーランス。趣味の食べ歩きが高じて書き始めたロンドンの食ブログが人気となり、『歩いてまわる小さなロンドン』（大和書房）を出版。2014年にイギリス情報を発信するウェブマガジン「あぶそる～とロンドン」を創設。編集長として執筆陣の取りまとめをする傍ら、本人はレストラン・レビューや外食産業の分析など、主に食に関わる記事を発信。その他、イギリスの文化全般について各種メディアに寄稿している。共著『ロンドンでしたい100のこと～大好きな街を暮らすように楽しむ旅』、単著『イギリスの飾らないのに豊かな暮らし365日』（ともに自由国民社）がある。執筆記事・書籍にはもっぱら自分で撮影した写真で臨むことを旨としている。

SFや幻想文学のファンであり、十代の頃から宇宙に興味を持つ。2015年夏にツインレイと出会ったことをきっかけに、相手のパラレルセルフである宇宙存在アシュターがウォークイン。レムリア時代の名前「エウリーナ」をヒーラー名として、2016年頃からチャネリングによるスピリチュアル・セッションを行っている。アシュターのリードで魂の青写真を読み解き、アシュター本人に勝手に喋らせるスタイルだが、エウリーナの人間性により調和あるセッション内容になるよう心がけている。宇宙人も人間も宇宙存在として絶対的に平等であるという立場をとっており、時として宇宙人に疑問を投げかける。

あぶそる～とロンドン: http://www.absolute-london.co.uk
Eulina Lemuria: https://www.eulinalemuria.com

シリウス宇宙連合《うちゅうれんごう》アシュター司令官《しれいかん》 vs. 保江邦夫《やすえくにお》緊急指令対談《きんきゅうしれいたいだん》

江國《えくに》まゆ　保江邦夫《やすえくにお》

明窓出版

令和五年十月十日　初刷発行
令和五年十二月二十日　二刷発行

発行者――麻生 真澄
ライティング・編集――江國 まゆ
発行所――明窓出版株式会社
〒一六四―〇〇一二
東京都中野区本町六―二七―一三
印刷所――中央精版印刷株式会社

ISBN978-4-89634-465-3

この国とそこに生きる人々を祈りによって護る日々――

今上陛下のご苦労を少しでも軽減するために、神命が降りた人や陰陽師等が活動しているが、
それだけではもはや足りない……
日本を取り巻く暗雲除去のために、私たちが今、できることとは！

目次より抜粋

- ◎ロシアによる日本侵攻作戦
- ◎安倍元総理暗殺の真相
- ◎天皇のご負担を軽減する祈りと伯家神道
- ◎壊された結界を水晶で修復する
- ◎無知な研究者が発生させた空間の歪みを修復する
- ◎アシュターの忠告とハトホルの秘儀
- ◎根拠のない自信を持つ
- ◎逃げた思い出
- ◎目先のことを思い悩まない
- ◎車の運転で悟りを開く
- ◎右脳モードの防人
- ◎現代の防人を護る三女神

祈りが護る國　日の本の防人がアラヒトガミを助く
保江邦夫　著　本体価格：1,800円＋税

保江邦夫　矢作直樹　はせくらみゆき

さあ、眠れる98パーセントのDNAが
花開くときがやってきた！

本体価格 2,000 円＋税

時代はアースアセンディング
真っただ中

- 新しいフェーズの地球へ
  スムースに移行する鍵とは？
- 常に神の中で遊ぶことが
  できる粘りある空間とは？
- 神様のお言葉は Good か
  Very Good のみ？

宇宙ではもう、高らかに
祝福のファンファーレが
鳴っている！！

抜粋コンテンツ

◎UFO に導かれた犬吠埼の夜
◎ミッション「富士山と諭鶴羽山を結ぶレイラインに結界を張りなさい」
◎意識のリミッターを外すコツとは？
◎富士山浅間神社での不思議な出来事
◎テレポーテーションを繰り返し体験した話
◎脳のリミッターが解除され時間が遅くなるタキサイキア現象
◎ウイルス干渉があれば、新型ウイルスにも罹患しない
◎耳鳴りは、カオスな宇宙の情報が降りるサイン
◎誰もが皆、かつて「神代」と呼ばれる理想世界にいた
◎私たちはすでに、時間のない空間を知っている
◎催眠は、「夢中」「中今」の状態と同じ
◎赤ん坊の写真は、中今になるのに最も良いツール
◎「魂は生き通し」――生まれてきた理由を思い出す大切さ
◎空間に満ちる神意識を味方につければすべてを制することができる

さあ、あなたの内にあるイマジナル・セルを呼び覚まし、仮想現実から抜ける『超授業』の始まりです！

これから注目を集めるであろう量子モナド理論とは？　宇宙魂を持つ二人の対話は、一つのモナドの中で影響し合い、完全調和へと昇華する！

抜粋コンテンツ

- ●万華鏡が映し出すモナドの世界
- ●プサイの由来となったプシュケと、アムルの物語
- ●量子モナド理論は、実は宇宙人には常識だった!?
- ●「人間原理」はどのように起動するのか
- ●宇宙人の言葉に一番近い言語は日本語だった!?
- ●地球で洗脳された3000人の魂を救い出せ!!
- ●イマジナル・セル——私たちの中にある夢見る力
- ●プサイが表すのは、予定調和や神計らい
- ●シュレーディンガー方程式は、愛の中に生まれた
- ●ユングとパウリの、超能力原理の追求
- ●エネルギーとは、完全調和に戻そうとする働き
- ●宇宙授業で教わったこと
- ●太陽フレアによって起きること
- ●いつも楽しく幸せな世界にいるためには？

愛と歓喜の数式

「量子モナド理論」は完全調和への道

保江邦夫　はせくらみゆき

さあ、あなたの内にある
イマジナル・セルを呼び覚まし、
仮想現実から抜ける
『**超授業**』の始まりです！

明窓出版

保江邦夫 はせくらみゆき　共著

本体価格：2,200 円＋税